소승은 30년 이상 해마다 신년을 맞이하여 혹한기 깊은 계곡, 폭포, 호수를 찾아 도끼로 얼음을 깨고 알몸으로 설빙 입수해 정신력 극기 수행 정진을 하고 있습니다. 신년 인사로 국태민안, 국운융성, 남북통일, 세계평화를 기원하고, 더 나아가 소승과의 인연된 120개 국가의 모든 중생에게 소원성취, 액운소멸, 불생불멸하라고 하는 것이며, 또한 혹한 앞에서도 흐트러지지 않고 나약해지지 않도록 강인한 정신력으로 수행 정진을 하는 데 뜻이 있다 하겠습니다.

Prologue

　우리는 전 세계 국가들과의 긴밀한 유대관계를 절실히 필요로 하는 시대에 살고 있다. 우크라이나와 러시아의 전쟁, 중동전쟁, 미국과 중국의 경제전쟁, 한국과 북한과의 보이지 않는 전쟁 등 전 세계는 경제, 외교, 사회 각 분야에서 치열한 전쟁을 하고 있는 시대를 살고 있는 것이 현실이다. 이에 우리는 전 세계의 치열한 경쟁 속에서 미래에 일어날 수 있는 역경의 변화를 어떻게 대처해야 할 것인가 생각해 보아야 한다. 이 책 「무궁화의 향기」를 집필하면서 우리나라에서, 아니 전 세계 외교 전선에서 무궁화의 향기를 더 활짝 피울 수는 없을까 하는 고민 끝에 이 책을 집필하게 되어 마음이 뿌듯하다.

　우리는 지금 왜 살고 있을까? 어떻게 살고 있을까? 잘 살고 있나? 행복할까? 인생이란 무엇인가? 어떻게 살 것인가? 이런 질문을 하면 대부분의 사람들은 말문이 막히는 것이 사실이다. 이제는 한 번쯤은 자신뿐만 아니라 모두가 되새겨볼 만한 질문들이다. 이제부터 우리 모두의 운명을 무궁화의 향기로 새롭게 한번 바꾸어 보지 않겠는가? 콩 심은 데 콩이 나고, 팥 심은 데 팥이 나듯이 항상 밝은 마음을 가지면 좋은 일만 일어난다. 이것이 진리라고 생각한다.

　어떤 두 사람이 길을 가다가 돌부리에 걸려서 동시에 넘어졌다. 한 사람은 걸린 돌부리를 원망하며 투덜대고 있었고, 한 사람은 돌부리 주변 흙을 돋우어 디딤돌로 만들었다. 바로 이것이 무궁화의 향기처럼 끊임없이 향기를 내는 긍정의 힘이다. 우리는 사람이기에 살다 보면 어느 때는 "아, 내 팔자는 왜 이럴까?" 하고 가끔 자신을 되돌아볼 때가 있다. 그럴 때마다 "그래, 내 팔자와 내 운명은 바꿀 수 없어. 타고난 내 팔자인데 뭘!" 하며 그때마다 단념이나 체념을 해버리거나, 아니면 본인들이 믿고 있는 종교의 지도자 또는 역술가를 한 번쯤 생각해 보아왔을 것이다. 경우에 따라서는 직접 찾아가서 상담한 경험도 있으리라 생각한다. 저자가 이야기하고자 하는 것은 그런 것들이 잘못되었다고 지적하는 것이 아니라 누구나 그럴 수도 있고, 그로 인해 작은 위안을 받아 마음의 안정을 찾아 해소할 수도 있다.

　우리 모두는 흔히들 이런 말을 한다. "인생살이에 정답이 있을까?" 즉 확실한 믿음만이 마음을 살리고, 마음이 살아야 기가 살고, 기가 살아야 운이 좋아지고, 운이 좋으면 명이 길어지고 내 운명을 바꿀 수 있다는 것을 확신한다. 필자는 내 삶의 운명을 바꾸는 진리이며 법칙을 무궁화의 향기에서 확인하였으며, 이 아주 평범한 법칙과 진리가 흔들리던 필자를 확실히 잡아주었다. 우리 인간을 컴퓨터로 비교하면 나의 마음인 소프트웨어에 밝은 것을 많이 심는가? 행복한 자질을 많이 심는가? 그 반대인가? 이에 따라서 인생이 달라짐을 더욱 믿게 되었다. 우리가 아직 오지 않은 미래에 대해 걱정을 하고 있는 이유는 지금 내가 사는 삶 자체에 자신이 없어서이다. 아니면 현재의 삶이 불안해서이다.

언제나 우리는 자연의 법칙인 밤이 있으면 낮이 있고, 행복이 있으면 불행이 있고, 만남이 있으면 헤어짐이 있고, 좋은 것이 있으면 나쁜 것이 있듯이, 이 외에도 많은 사례 속에서 살아가는 것이 현실이다. 즉 우리는 언제나 동전의 양면과 같은 삶을 살고 있는 것이다. 그래서 필자는 오늘 일이 잘 안 되더라도 지금 더 열심히 노력하고 맑은 마음을 가지면 일이 잘 되고 좋은 결과가 있다는 것을 확신하였고, 굳게 믿어 무궁화의 향기를 40여 년간 피워왔다. 그 결과 필자는 삶 속에서 모두가 불가능하다는 일도 해내었다. 즉, 민간외교, 사회, 경제, 문화, 예술 등의 각 분야에서 그동안 세계 120개국 국가 지도자, 대통령, 국왕, 총리, 대사, UN 사무총장, IMF 총재, WTO·WHO 사무총장, OECD 사무총장, 세계은행 총재, 노벨평화상·노벨생리의학상·노벨화학상·노벨경제학상 수상자, 장관, 장군 등을 만나 대한민국 외교의 애국 행적인 무궁화의 향기를 피우며 국위선양을 하였다.

이제는 무궁화의 향기를 바탕으로 필자의 지혜가 우리나라 개인, 기업, 각계각층의 글로벌 비즈니스에 조금이라도 힘이 된다면 앞으로 남은 생을 다하여 최선을 다할 것이다. 또한 필자는 그동안 전 세계 120개 국가를 필두로 하여 전통 무예 정신을 바탕으로 현실에 맞는 글로벌 비즈니스를 통하여 각계각층의 개인, 기업, 사회, 문화, 경제 부분에서 글로벌 비즈니스가 필요한 모든 분야를 소명의식을 갖고 정진하며 국가와 사회를 위하여 이바지할 것을 밝힌다.

가을의 계절이 익어가는 만연사 선방에서
도룡국사 합장

목차

나라꽃의 상징인 무궁화의 향기는 무엇을 의미하는가?
우리는 지금 왜 무궁화의 향기에 주목해야 하는가?

Prologue		2
CHAPTER 01.	인생에서 삶이란 어떤 의미를 가지고 있을까	6
CHAPTER 02.	삶이 향하는 마음으로 가는 길은 어느 곳일까	8
CHAPTER 03.	미래를 준비하고 인생을 배우는 사람들이 미래의 승자가 될 것이다	10
CHAPTER 04.	기억을 잘 활용하여 삶에 보탬을 주고 있는지를 알아야 한다	12
CHAPTER 05.	삶에서 용서란 무엇을 의미하는가	16
CHAPTER 06.	인생은 아낌없이 나누어 줄 수 있는 나무가 되어야 할 것이다	20
CHAPTER 07.	하루를 얼마나 의미 있게 보내고 있는가	24
CHAPTER 08.	인간의 마음은 타인에게 행복을 안겨주고 싶어 한다	28
CHAPTER 09.	자신을 위해서 적극적으로 남을 도와야 할 것이다	32
CHAPTER 10.	베풀수록 이익이 넘쳐날 것이다	36
CHAPTER 11.	당신이 진정한 '리더'라면	40
CHAPTER 12.	삶에서 모른다고 답할 줄 아는 사람이 크게 성공한다	44
CHAPTER 13.	당신은 삶에서 진정한 친구를 만나 보았는가	48
CHAPTER 14.	삶의 원천은 무엇인가	52
CHAPTER 15.	자신의 마음속 깊이는 어느 정도인가	56
CHAPTER 16.	삶에서 안락과 고난은 분명하게 구별되어야 한다	60
CHAPTER 17.	삶에서 안락은 악마를 만들고 고난은 사람을 만든다	64
CHAPTER 18.	삶은 깨끗한 소망만이 이루어진다	68

CHAPTER 19.	삶에서 남에게 주는 사람이 더 행복하고 평화롭다	72
CHAPTER 20.	인간의 말에는 마법 같은 엄청난 힘이 존재한다	76
CHAPTER 21.	행운은 자신의 노력에서 오는 것이다	80
CHAPTER 22.	행복으로 가는 두 가지 단순한 원리란 무엇인가	84
CHAPTER 23.	삶에서 성공은 새로운 출발이다	88
CHAPTER 24.	우리의 삶에서 누가 행복한 사람인가	92
CHAPTER 25.	모든 인생에는 블랙홀이 존재한다	96
CHAPTER 26.	삶에서 원하는 만큼 얻은 행복은 불행한 것이다	100
CHAPTER 27.	자신의 시련에 강한 자를 더 강하게 만든다	104
CHAPTER 28.	감사하는 행동과 마음은 행운의 씨앗을 심는다	108
CHAPTER 29.	우리 인간의 삶은 무엇을 위해 살아가는가	112
CHAPTER 30.	하루의 첫 2시간을 가치 있게 사용해야 한다	116
CHAPTER 31.	무소유는 인간에게 어떤 의미인가	120
CHAPTER 32.	삶에서 경청이란 무지한 사람도 고마워한다	124
CHAPTER 33.	미래에 대한 기대치를 높이면 운이 좋아진다	128
CHAPTER 34.	아끼고 사랑하는 사람이 있다면 역경을 선물해야 한다	134
CHAPTER 35.	가정이 행복해야 직장에서도 행복하다	138

Epilogue   143

CHAPTER 1. 인생에서 삶이란 어떤 의미를 가지고 있을까

| 지혜를 나누는 글

우리들의 인생에서 삶이란
과연 어떤 의미를 가지고 있을까요?

우리들의 인생에서 삶이란, 이 세상을 살아가면서 항상 기쁠 수는 없을 것이며, 그렇다고 항상 슬프지도 않을 것입니다. 이 세상에 존재하면서 항상 좋을 수만은 없어서 슬픈 시간들도 많이 존재하고 있을 것입니다.

우리들의 인생에서 삶이란, 이 세상이라는 울타리에 걸려 허우적거리며 빠져나가려 하는 사람들을 보고 있자니 너무나 처량해 보이고, 차마 눈을 뜨고 볼 수 없는 것이 세상의 현실일 것입니다.

우리들의 인생에서 삶이란, 이 세상에서 가장 행복한 사람이 행복한 것을 전혀 느끼지 못해서 안타까운 것입니다. 그러나 행복은 언제나 영원할 수 없는 것이라는 것을 우리는 깨달아야 할 것입니다.

그럼 우리들의 삶에서 말하는 '영원'이란 과연 무엇을 의미하는 것일까요? 그것은 바로 이 세상에는 영원히 할 수 있는 것이 하나도 존재하지 않는다는 것입니다. 다만 우리들의 인간 세상에서 지금 순간들의 시간 속에서 착각과 환상 속에서 살아가고 있다는 현실인 것이 가슴이 아파오고 있을 뿐입니다. 그래서 석가모니 부처님은 "미련한 중생이 되어서는 안 된다"고 하신 것을 우리는 가슴에 새겨야 할 것입니다.

30년간 폭포, 계곡, 호수의 얼음 입수 새해 국태민안 정신 수련
Thirty years of training in the waterfall and ice-covered valley lake, embodying the national Taeminan spirit for New Year's

얼음물 속에 입수하여 새해를 활기차게 열고 있는 총재 예하
The chairman is vigorously ushering in the New Year in the icy water.

새해 동계 혹한기 정신 무도 수련을 위해 깊은 계곡에서 얼음 입수를 위해 얼음을 깨고 있는 총재 예하
The chairman is breaking the ice to dive into the water in a steep valley as part of New Year's cold weather mental martial arts training.

혹한기 동계 정신력 극기 무도 수련의 하나인 깊은 계곡 얼음물 속에서 수련을 하고 있는 총재 예하
The chairman is mental training during the winter season.

강인한 정신력으로 무장하기 위해 30년간 동계 정신력 극기 무도 수련을 하고 있는 총재 예하
The chairman who has been practicing winter mental discipline and martial arts training for 30 years to build a strong and resilient spirit.

호수에서 두께 30㎝의 얼음을 깨고 얼음물 속에 들어가 계사년 새해를 활기차게 열고 있는 총재 예하
The chairman submerges himself in a valley frozen with 30 cm-thick ice, vigorously greeting the Year of the Rabbit.

새해 동계 혹한기 정신 무도 수련 총재 예하
The chairman is mental training during the winter season.

새해 동계 혹한기 깊은 계곡 얼음물 속에서 인간 한계를 극복하는 정신력 극기 무도 수련 중인 총재 예하
The chairman is practicing the mental martial art of perseverance, overcoming the limitations of human faculties in the icy waters of a steep valley as part of New Year's cold-weather training.

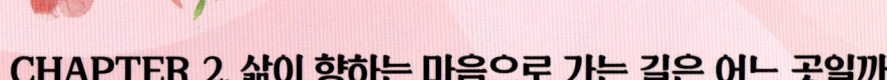

CHAPTER 2. 삶이 향하는 마음으로 가는 길은 어느 곳일까

| 지혜를 나누는 글

우리들의 삶이 향하는
마음으로 가는 길은 어느 곳일까요?

우리의 삶에서 행복은 근사하고 달콤한 말이 절대로 아닐 것입니다. 행복이란 우리의 마음속 깊은 곳에 숨어 있는 진실이며, 행동하는 우리 자신의 양심일 것입니다. 우리의 행복을 남에게 나누어 주는 것을 행동으로 실천함으로써 우리 자신의 마음이 비워지는 것이라고 착각하는 것은 절대로 잘못된 것이며, 남에게 나누어지는 것은 지금 우리에게 없는 것에 대해 나눔을 실천하는 것이므로 자신도 모르게 채워지고 있는 신비로운 것이라는 점을 삶에서 우리는 깨달아야 할 것입니다.

우리의 삶에서 남에게 베푸는 만큼 자신의 행복이 그만큼 충분한 양으로 많아지게 된다는 사실을 알아야 할 것이며, 자신의 행복도, 삶의 질도 올라갈 것이며, 자기 자신 또한 스스로 만족을 가져온다는 것을 느끼게 될 것입니다. 그래서 나눔을 실천하는 것이 남보다 나아지는 것인데 이 점에서 자신의 행복을 구한다고 생각하면 우리는 영원히 행복하지 못할 것이라는 점을 알아야 할 것입니다.

그 이유는 인간이 삶을 살아가는 동안 누구든지 한두 가지 종류의 나은 점은 존재할 수 있지만, 열 가지 전부가 다른 사람보다 우수할 수는 없는 것이 지금의 현실이라는 것입니다. 따라서 우리 인간의 행복이란 어떤 경우라도 남과 비교해서 찾는 것이 아니라 자기 자신이 삶을 살아가면서 스스로에게 만족할 수 있도록 하는 것이 중요하다는 것을 가슴속에 명심해야 할 것이며, 평소에 작은 것이라도 나눔을 해야 한다는 마음가짐으로 삶을 살아가야 할 것입니다.

대한민국 역대 대통령과의 만남
Meeting with Former Presidents of the Republic of Korea

대한민국 제12대 대통령과 함께한 총재 예하(2001. 2. 9.)
The chairman with the 12th president of Korea.

대한민국 제13대 대통령과 함께한 총재 예하(2001. 9. 17.)
The chairman with the 13th president of Korea.

대한민국 제14대 대통령과 함께한 총재 예하(2003. 6. 30.)
The chairman with the 14th president of Korea.

대한민국 제15대 대통령과 함께한 총재 예하(1988. 5. 12.)
The chairman with the 15th president of Korea.

대한민국 제17대 대통령과 함께한 총재 예하(2007. 7. 9.)
The chairman with the 17th president of Korea.

대한민국 제19대 대통령과 함께한 총재 예하(2015. 11. 11.)
The chairman with the 19th president of Korea.

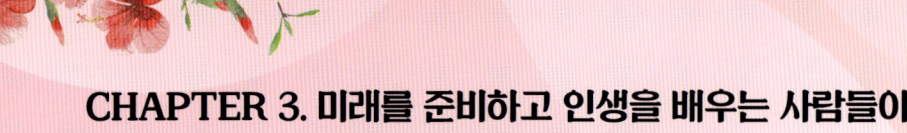

CHAPTER 3. 미래를 준비하고 인생을 배우는 사람들이 미래의 승자가 될 것이다

| 지혜를 나누는 글

**삶에서 미래를 준비하고 인생을 배우는 사람들이
미래의 승리자가 될 것입니다.**

우리가 살아가는 동안 삶에는 우리가 모르는 놀라운 미래가 우리 곁에서 기다리고 있다는 사실을 깨달아야 할 것입니다. 그래서 우리는 다가오는 미래를 위해서 경험하며, 모든 다양한 것들을 우리 육신에 익히고자 배우고 있는 것입니다. 이러한 것은 누굴 위해서가 아니라 우리의 미래를 향해 마음을 활짝 개방해 놔야 모든 것들이 평등하고 공평한 사회를 만들어가는 주인공이 된다는 사실을 알아야 할 것입니다.

우리는 반드시 미래를 이해하는 사람들이 되어야만 미래를 차지하는 승리자가 되는 것이기 때문에, 우리들의 삶의 시간에서 한 번은 뒤를 돌아보는 휴식을 가져봐야 할 것입니다. 이런 시간은 우리들의 삶에서 가장 소중한 미래에 발전할 수 있는 귀중한 시간이 될 것이며, 소중한 시간을 생각하지 않고 독불장군이 된다면 우리의 미래는 존재하질 않을 것입니다.

그래서 우리들의 주변에서 성공하는 사람들을 보게 되면, 그들에게 잠시라도 관심을 가져보고, 그들을 세심하게 관찰을 하게 된다면 성공한 사람들의 공통점이 늘 현재적 관점이 아닌 미래적 관점에서 현재를 바라보고 있다는 사실을 발견하게 될 것입니다. 이런 작은 행동들이 우리의 미래에 대한 애착과 관심을 유도하게 되는 것이고, 미래를 위해서 공부를 하게 하는 것이고, 다가올 우리들의 미래를 준비하는 사람들이 된다면 미래의 영광은 우리들의 차지가 된다는 것을 확신하게 될 것입니다.

전 세계 101개국 합기도 민간외교 각국 대사 단증 수여 국가
Black belt awarded ambassadors

Vietnam	Laos	South Africa	Ukraine	Venezuela	Swiss	Costa Rica	
Kuwait	Lebanon	Peru	Colombia	Finland	Romania	Morocco	
Saudi Arabia	Hungary	Czech	Italy	Germany	Cambodia	Egypt	
Afghanistan	Bangladesh	Tunisia	Paraguay	Iran	Myanmar	Libya	
Slovakia	Algeria	Honduras	Sri Lanka	Turkey	Denmark	Norwey	Marshall
Belarus	Ghana	Congo	Bulgaria	Nigeria	El Salvador	Guatemala	Bolivia
New Zealand	Oman	Poland	Malaysia	Sudan	Gabon	Dominica	Turkmenistan
Cote divoire	Portugal	Sweden	Argentina	India	Austria	Ireland	Ethiopia
Holy See	Serbia	Panama	Brazil	Papua New Guine	Chile	Thailand	Georgia
Belgium	Pakistan	Indonesia	Ecuador	Philippine	Spain	Mexico	Mongolia
Singapore	United Arab Emirate	Uruguay	Kazahstan	Iraq	Australia	United Kingdom	Uzbekistan
Senegal	Nepal	Kyrgyzstan	Timor Leste	Brunei	Kenya	Angola	Jordan
Rwanda	Sieraion	Zambia	Azerbaijan	Latvia	Tajikistan	Netherlands	Nicaragua
Croatia							

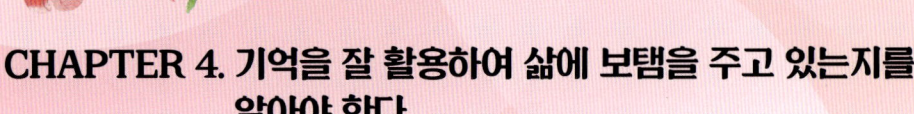

CHAPTER 4. 기억을 잘 활용하여 삶에 보탬을 주고 있는지를 알아야 한다

│ 지혜를 나누는 글

지금 우리는 기억을 얼마나 잘 활용하여
삶에 보탬을 주고 있는지를 알고 있는지요.

우리가 삶을 살아가면서 기억은 필요로 할 때는 우리 곁을 떠나고, 우리가 원하지 않을 때 어리석게도 우리의 삶 속 깊숙이 다가와 우리의 삶을 간섭하기 시작한다는 것입니다. 우리의 삶에서 기억 속에 남아 있던 너무나 많은 정보를 가지고 있지만 좋은 기억보다 나쁜 기억이 더 많이 자리를 잡고 있다는 것을 알고 있을 것입니다. 그러나 나쁜 기억은 과거일 것이며, 좋은 기억은 우리가 미래를 설계하는 데 있어 도움이 되는 것이며, 반대로 나쁜 기억은 우리들의 미래를 암흑의 세계로 인도하게 될 것입니다.

좋은 기억보다 나쁜 기억을 더 생각하다 보면 우리는 분명 두려움에 사로잡혀 미래를 설계할 수 없겠지만, 좋은 기억은 우리에게 희망 그리고 행복과 삶을 윤택하게 하는 훌륭한 선생님이 될 것입니다. 우리들의 삶에서 좋은 기억을 많이 끄집어내어 내가 살아가는 삶에 더 보탬이 되도록 해야 하는 이유가 여기에 있는 것입니다.

나쁜 기억으로 "나는 무엇을 해도 안 돼"라는 좌절과 절망은 우리들의 삶에서 빨리 지워버려 미래를 향한 반항아가 되어서는 안 되는 것입니다. 지금의 노력도 중요하지만, 나쁜 기억에 빠져든다면 그것은 자신을 파괴하는 가장 비겁한 것이 될 것입니다. 지금이라도 과거에 집착하지 말고 하루라도 빨리 나쁜 기억은 지워버리고 좋은 기억으로 우리들의 삶을 윤택하게 하기를 진심으로 바라는 마음입니다.

국내외 VIP 단증 수여
Photos of Dan certificate award ceremonies for VIPs, both domestically and abroad

주한 베트남 대사에게 단증을 수여하고 있는 총재 예하(2001. 10. 18.)
The chairman awards a Dan certificate to the Vietnamese Ambassador to Korea.

주한 라오스 대사에게 단증을 수여하고 있는 총재 예하(2001. 10. 31.)
The chairman awards a Dan certificate to the Laotian Ambassador to Korea.

주한 남아공 대사에게 단증을 수여하고 있는 총재 예하(2003. 6. 10.)
The chairman awards a Dan certificate to South African Ambassador to Korea.

주한 우크라이나 대사에게 단증을 수여하고 있는 총재 예하(2003. 7. 15.)
The chairman awards a Dan certificate to the Ukrainian Ambassador to Korea.

주한 베네주엘라 대사에게 단증을 수여하고 있는 총재 예하(2004. 3. 10.)
The chairman awards a Dan certificate to the Venezuelan Ambassador to Korea.

주한 스위스 대사에게 단증을 수여하고 있는 총재 예하(2004. 3. 22.)
The chairman awards a Dan certificate to the Swiss Ambassador to Korea.

주한 코스타리카 대사에게 단증을 수여하고 있는 총재 예하(2004. 7. 27.)
The chairman awards a Dan certificate to the Costa Rican Ambassador to Korea.

주한 쿠웨이트 대사에게 단증을 수여하고 있는 총재 예하(2004. 10. 11.)
The chairman awards a Dan certificate to the Kuwaiti Ambassador to Korea.

국내외 VIP 단증 수여
Photos of Dan certificate award ceremonies for VIPs, both domestically and abroad

주한 레바논 대사에게 단증을 수여하고 있는 총재 예하(2004. 11. 10.)
The chairman awards a Dan certificate to the Lebanese Ambassador to Korea.

주한 페루 대사에게 단증을 수여하고 있는 총재 예하(2004. 11. 10.)
The chairman awards a Dan certificate to the Peruvian Ambassador to Korea.

주한 콜롬비아 대사에게 단증을 수여하고 있는 총재 예하(2004. 11. 18.)
The chairman awards a Dan certificate to the Colombian Ambassador to Korea.

주한 핀란드 대사에게 단증을 수여하고 있는 총재 예하(2004. 11. 19.)
The chairman awards a Dan certificate to the Finland Ambassador to Korea.

주한 루마니아 대사에게 단증을 수여하고 있는 총재 예하(2004. 12. 7.)
The chairman awards a Dan certificate to the Romania Ambassador to Korea

주한 모로코 대사에게 단증을 수여하고 있는 총재 예하(2004. 12. 14.)
The chairman awards a Dan certificate to the Moroccan Ambassador to Korea.

주한 사우디 대사에게 단증을 수여하고 있는 총재 예하(2004. 12. 21.)
The chairman awards a Dan certificate to the Saudi Arabian Ambassador to Korea

주한 헝가리 대사에게 단증을 수여하고 있는 총재 예하(2005. 1. 8.)
The chairman awards a Dan certificate to the Hungarian Ambassador to Korea.

국내외 VIP 단증 수여
Photos of Dan certificate award ceremonies for VIPs, both domestically and abroad

주한 체코 대사에게 단증을 수여하고 있는 총재 예하(2005. 1. 17.)
The chairman awards a Dan certificate to the Czech Ambassador to Korea.

주한 이탈리아 대사에게 단증을 수여하고 있는 총재 예하(2005. 1. 17.)
The chairman awards a Dan certificate to the Italian Ambassador to Korea.

주한 독일 대사에게 단증을 수여하고 있는 총재 예하(2005. 1. 27.)
The chairman awards a Dan certificate to the German Ambassador to Korea.

주한 캄보디아 대사에게 단증을 수여하고 있는 총재 예하(2005. 1. 27.)
The chairman awards a Dan certificate to the Cambodian Ambassador to Korea.

주한 이집트 대사에게 단증을 수여하고 있는 총재 예하(2005. 1. 28.)
The chairman awards a Dan certificate to the Egyptian Ambassador to Korea.

주한 아프가니스탄 대사에게 단증을 수여하고 있는 총재 예하(2005. 2. 1.)
The chairman awards a Dan certificate to the Afghan Ambassador to Korea.

주한 방글라데시 대사에게 단증을 수여하고 있는 총재 예하(2005. 2. 3.)
The chairman awards a Dan certificate to the Bangladeshi Ambassador to Korea.

주한 튀니지 대사에게 단증을 수여하고 있는 총재 예하(2005. 2. 15.)
The chairman awards a Dan certificate to the Tunisian Ambassador to Korea.

CHAPTER 5. 삶에서 용서란 무엇을 의미하는가

| 지혜를 나누는 글

우리들의 삶에서 용서란 무엇을 의미할까요?

　우리들의 삶에서 용서란 단지 자기에게 상처를 준 사람을 받아들이는 것만이 아니라, 그 사람의 마음까지도 생각하고 헤아릴 수 있는 것이 진정한 용서를 하는 것임을 깨달아야 할 것입니다. 즉 삶을 살아가면서 혼자만의 생각으로 이 세상의 모든 것을 용서할 수 있을 것이라는 생각을 가지게 된다면 그것은 절대 잘못된 착각이 되는 것이며, 망상이 된다는 것을 기억해야 할 것입니다. 그래서 우리는 그것을 향한 미움과 원망의 마음에서 스스로에게 놓아줄 수 있는 기회를 주어야 하는 것이 맞는 것이며, 그로 인하여 비로소 삶의 여유가 생겨날 때 용서라는 단어를 사용할 수 있는 것임을 잊지 말아야 할 것입니다.

　또한, 삶에서 용서란 우리가 서로 사랑하는 것이기 때문에 가능한 것이며, 내 마음이나 상대의 마음을 편안히 해주기 때문에 모든 것이 가능한 것이라는 점을 반드시 명심해야 할 것입니다. 그러므로 인생에서 진정한 용서란 남이 나를 용서하기를 바라기 전에 내가 먼저 손을 내밀어 용서를 구하는 것이 참다운 것이라는 것을 깨달아야 할 것이며, 이기적인 자신만의 용서는 우리들의 삶에서 용서가 될 수 없음을 꼭 알아야 할 것입니다.

　우리들은 수많은 시간을 통해서 잘못도 해보았을 것이며, 남의 잘못을 용서해준 적도 있을 것입니다. 이런 것들이 인간은 누구나 용서를 구하거나, 용서를 해줄 수 있는 위치로 오고 가곤 할 것입니다. 그러기에 언제든지 상황이 바뀔 수 있는 것이 인생이라 용서는 혼자서 하는 것이 아니라 함께하는 것이라는 것을 다시 일깨워주고자 하는 생각입니다.

국내외 VIP 단증 수여
Photos of Dan certificate award ceremonies for VIPs, both domestically and abroad

주한 파라과이 대사에게 단증을 수여하고 있는 총재 예하(2005. 2. 17.)
The chairman awards a Dan certificate to the Paraguayan Ambassador to Korea.

주한 이란 대사에게 단증을 수여하고 있는 총재 예하(2005. 2. 17.)
The chairman awards a Dan certificate to the Iranian Ambassador to Korea.

주한 미얀마 대사에게 단증을 수여하고 있는 총재 예하(2005. 2. 22.)
The chairman awards a Dan certificate to the Myanmar Ambassador to Korea.

주한 리비아 대사에게 단증을 수여하고 있는 총재 예하(2005. 2. 22.)
The chairman awards a Dan certificate to the Libyan Ambassador to Korea.

주한 슬로바키아 대사에게 단증을 수여하고 있는 총재 예하(2005. 2. 24.)
The chairman awards a Dan certificate to the Slovakian Ambassador to Korea.

주한 알제리 대사에게 단증을 수여하고 있는 총재 예하(2005. 2. 24.)
The chairman awards a Dan certificate to the Algerian Ambassador to Korea.

주한 온두라스 대사에게 단증을 수여하고 있는 총재 예하(2005. 3. 4.)
The chairman awards a Dan certificate to the Honduran Ambassador to Korea.

주한 스리랑카 대사에게 단증을 수여하고 있는 총재 예하(2005. 3. 4.)
The chairman awards a Dan certificate to the Sri Lankan Ambassador to Korea.

국내외 VIP 단증 수여
Photos of Dan certificate award ceremonies for VIPs, both domestically and abroad

주한 터키 대사에게 단증을 수여하고 있는 총재 예하(2005. 3. 9.)
The chairman awards a Dan certificate to the Turkish Ambassador to Korea.

주한 덴마크 대사에게 단증을 수여하고 있는 총재 예하(2005. 3. 9.)
The chairman awards a Dan certificate to the Danish Ambassador to Korea.

주한 노르웨이 대사에게 단증을 수여하고 있는 총재 예하(2005. 3. 14.)
The chairman awards a Dan certificate to the Norwegian Ambassador to Korea.

주한 벨라루스 대사에게 단증을 수여하고 있는 총재 예하(2005. 3. 24.)
The chairman awards a Dan certificate to the Belarus Ambassador to Korea.

주한 가나 대사에게 단증을 수여하고 있는 총재 예하(2005. 4. 4.)
The chairman awards a Dan certificate to the Ghanaian Ambassador to Korea.

주한 콩고 대사에게 단증을 수여하고 있는 총재 예하(2005. 4. 6.)
The chairman awards a Dan certificate to the Congolese Ambassador to Korea.

주한 불가리아 대사에게 단증을 수여하고 있는 총재 예하(2005. 4. 12.)
The chairman awards a Dan certificate to the Bulgarian Ambassador to Korea.

주한 나이지리아 대사에게 단증을 수여하고 있는 총재 예하(2005. 4. 13.)
The chairman awards a Dan certificate to the Nigerian Ambassador to Korea.

국내외 VIP 단증 수여
Photos of Dan certificate award ceremonies for VIPs, both domestically and abroad

주한 엘살바도르 대사에게 단증을 수여하고 있는 총재 예하(2001. 10. 18.)
The chairman awards a Dan certificate to the El Salvador Ambassador to Korea.

주한 과테말라 대사에게 단증을 수여하고 있는 총재 예하(2005. 4. 18.)
The chairman awards a Dan certificate to the Guatemalan Ambassador to Korea.

주한 뉴질랜드 대사에게 단증을 수여하고 있는 총재 예하(2005. 4. 20.)
The chairman awards a Dan certificate to the New Zealand Ambassador to Korea.

주한 오만 대사에게 단증을 수여하고 있는 총재 예하(2005. 4. 29.)
The chairman awards a Dan certificate to the Omani Ambassador to Korea.

주한 폴란드 대사에게 단증을 수여하고 있는 총재 예하(2005. 4. 29.)
The chairman awards a Dan certificate to the Polish Ambassador to Korea.

주한 말레이시아 대사에게 단증을 수여하고 있는 총재 예하(2005. 5. 31.)
The chairman awards a Dan certificate to the Malaysian Ambassador to Korea.

주한 수단 대사에게 단증을 수여하고 있는 총재 예하(2005. 6. 8.)
The chairman awards a Dan certificate to the Sudanese Ambassador to Korea.

주한 가봉 대사에게 단증을 수여하고 있는 총재 예하(2005. 6. 22.)
The chairman awards a Dan certificate to the Gabonese Ambassador to Korea.

CHAPTER 6. 인생은 아낌없이 나누어 줄 수 있는 나무가 되어야 할 것이다

| 지혜를 나누는 글

**우리들의 인생은 아낌없이
나누어 줄 수 있는 나무가 되어야 할 것입니다.**

우리가 삶을 살아가는 험난한 이 세상을 살면서 누가 먼저 할 것 없이 항상 자신이 먼저 다가가고, 자신이 먼저 남에게 배려하고, 자신이 먼저 이해하고 생활하는 습관을 지닌다면 이 세상의 미래는 밝은 기운으로 가득 차게 될 것입니다.

삶에서 우리가 흔히 생각하는 것이 남에게 먼저 주는 만큼 받아야 한다는 생각을 하고 있겠지만 절대 그런 생각을 갖지 말아야 할 것입니다. 그런 것이, 삶을 살아가는 우리가 조건을 내세우게 되는 것은 자신을 이기주의자로 만들게 될 것이고, 그런 생각을 하지 말고 항상 자신이 먼저 아낌없이 주는 나무가 된다면 가까운 미래에 우리에게 생각지도 못한 행운이 다가올 것입니다. 그런 행운을 우리는 흔히 '복'이라고 하지만, '복'은 우리가 살아온 과정이 얼마나 의미 있게 삶을 살아왔는지에 따라 우리에게 오는 예견된 미래라는 것을 우리는 깨달아야 할 것입니다.

만약에 우리의 삶이 잘못되게 살아왔다면 '복'은 절대 다가올 수 없다는 것을 알아야 할 것입니다. 그래서 자신이 먼저 다가가고, 자신이 먼저 배려하고, 자신이 먼저 이해하고, 자신이 먼저 아낌없이 주다 보면, 우리의 삶은 자신도 모르게 행복으로 가득 차게 될 것이며, 이런 모든 것은 이 세상의 어떤 물질로도 바꿀 수 없는 것이 되는 것입니다. 이런 작은 마음이 우리 자신의 미래에 성공할 수 있도록 이끌게 되는 것입니다. 그래서 남을 이롭게 하는 것이 바로 우리들의 자신을 이롭게 한다는 것을 깊이 생각하고, 삶을 살아가는 지름길이라는 것을 깊이 생각해야 할 것입니다.

국내외 VIP 단증 수여

Photos of Dan certificate award ceremonies for VIPs, both domestically and abroad

주한 도미니카 대사에게 단증을 수여하고 있는 총재 예하(2005. 6. 28.)
The chairman awards a Dan certificate to the Dominican Ambassador to Korea.

주한 코트디브와르 대사에게 단증을 수여하고 있는 총재 예하(2005. 8. 26.)
The chairman awards a Dan certificate to the Côte d'Ivoire Ambassador to Korea.

주한 포르투갈 대사에게 단증을 수여하고 있는 총재 예하(2005. 8. 26.)
The chairman awards a Dan certificate to the Portuguese Ambassador to Korea.

주한 스웨덴 대사에게 단증을 수여하고 있는 총재 예하(2005. 9. 21.)
The chairman awards a Dan certificate to the Swedish Ambassador to Korea.

주한 아르헨티나 대사에게 단증을 수여하고 있는 총재 예하(2005. 10. 4.)
The chairman awards a Dan certificate to the Aegentine Ambassador to Korea.

주한 인도 대사에게 단증을 수여하고 있는 총재 예하(2005. 10. 28.)
The chairman awards a Dan certificate to the Indian Ambassador to Korea.

주한 오스트리아 대사에게 단증을 수여하고 있는 총재 예하(2005. 10. 26.)
The chairman awards a Dan certificate to the Austrian Ambassador to Korea.

주한 아일랜드 대사에게 단증을 수여하고 있는 총재 예하(2005. 11. 1.)
The chairman awards a Dan certificate to the Irish Ambassador to Korea.

국내외 VIP 단증 수여
Photos of Dan certificate award ceremonies for VIPs, both domestically and abroad

주한 교황청 대사에게 단증을 수여하고 있는 총재 예하(2005. 11. 3.)
The chairman awards a Dan certificate to the Holy See Ambassador to Korea.

주한 세르비아, 몬테네그로 대사에게 단증을 수여하고 있는 총재 예하(2005. 11. 8.)
The chairman awards a Dan certificate to the Serbian and Montenegrin Ambassador to Korea.

주한 파나마 대사에게 단증을 수여하고 있는 총재 예하(2005. 11. 8.)
The chairman awards a Dan certificate to the Panamanian Ambassador to Korea.

주한 브라질 대사에게 단증을 수여하고 있는 총재 예하(2005. 11. 15.)
The chairman awards a Dan certificate to the Brazilian Ambassador to Korea.

주한 파푸아뉴기니 대사에게 단증을 수여하고 있는 총재 예하(2005. 11. 22.)
The chairman awards a Dan certificate to the Papua New Guinean Ambassador to Korea.

주한 칠레 대사에게 단증을 수여하고 있는 총재 예하(2005. 11. 28.)
The chairman awards a Dan certificate to the Chilean Ambassador to Korea.

주한 태국 대사에게 단증을 수여하고 있는 총재 예하(2005. 12. 1.)
The chairman awards a Dan certificate to the Thai Ambassador to Korea.

주한 벨기에 대사에게 단증을 수여하고 있는 총재 예하(2005. 12. 6.)
The chairman awards a Dan certificate to the Belgian Ambassador to Korea.

국내외 VIP 단증 수여
Photos of Dan certificate award ceremonies for VIPs, both domestically and abroad

주한 폴란드 대사에게 단증을 수여하고 있는 총재 예하(2006. 2. 6.)
The chairman awards a Dan certificate to the Polish Ambassador to Korea.

주한 파키스탄 대사에게 단증을 수여하고 있는 총재 예하(2006. 2. 23.)
The chairman awards a Dan certificate to the Pakistani Ambassador to Korea.

주한 인도네시아 대사에게 단증을 수여하고 있는 총재 예하(2006. 3. 2.)
The chairman awards a Dan certificate to the Indonesian Ambassador to Korea.

주한 에콰도르 대사에게 단증을 수여하고 있는 총재 예하(2006. 5. 18.)
The chairman awards a Dan certificate to the Ecuadoran Ambassador to Korea.

주한 필리핀 대사에게 단증을 수여하고 있는 총재 예하(2006. 6. 20.)
The chairman awards a Dan certificate to the Philippine Ambassador to Korea.

주한 스페인 대사에게 단증을 수여하고 있는 총재 예하(2006. 8. 2.)
The chairman awards a Dan certificate to the Spanish Ambassador to Korea.

주한 뉴질랜드 대사에게 단증을 수여하고 있는 총재 예하(2006. 9. 1.)
The chairman awards a Dan certificate to the New Zealand Ambassador to Korea.

주한 멕시코 대사에게 단증을 수여하고 있는 총재 예하(2006. 10. 18.)
The chairman awards a Dan certificate to the Mexican Ambassador to Korea.

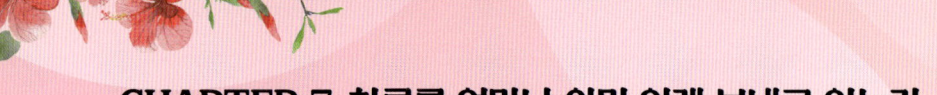

CHAPTER 7. 하루를 얼마나 의미 있게 보내고 있는가

| 지혜를 나누는 글

우리는 하루를 얼마나 의미 있게 보내고 있는지요.

우리가 삶을 살아가면서 과연 하루라는 시간을 얼마나 의미 있게 보내고 있는지 생각을 해봐야 할 것입니다. 그래서 자신의 삶에서 하루라는 시간을 플러스가 되는 일들을 찾아서 열심히 생활하면서 살아가야 하는 이유라고 생각하는 것입니다.

불필요한 과욕과 욕심을 버리고 나보다 더 어려운 사람들과 함께 나누면서 편견을 어떤 경우라도 갖지 말아야 할 것이고, 동등한 자격으로 인정하고 바른 생각으로 자기 자신을 내려놓고 그 이상 높아지지 않도록 노력해야 할 것이며, 더 이하로 낮추어지지도 말 것이며, 자신의 마음을 즐거움을 찾아갈 수 있는 여유를 찾으려고 노력하고, 하루하루를 참되고 진실하게 만들면서, 그리고 아름다운 사랑을 나누면서 슬펐던 과거는 잊어버리고 일그러진 얼굴의 표정은 그만 멈추고 남들보다 더 활짝 웃는 밝은 미소의 얼굴로 앞으로 한발 한발 전진하면서 자신이 잘하는 것이라고 남 앞에 나서지 말고, 알면서도 남을 위해서 한발 물러설 줄 아는 사람이 되어야 할 것입니다.

우리는 하루라는 시간에 잠시라도 쉼표가 있는 자리에서 삶에 대한 여유로움을 가져보면서 평화로운 시간을 보낼 필요가 있을 것입니다. 우리의 삶을 뒤돌아보게 되면 느낌표가 있는 자리에서 세상과 자신이 하나가 되어간다는 사실을 깨달아야 할 것이며, 삶에서 모르는 것이 있다면 끈기와 인내와 노력으로 파헤쳐 나갈 수 있는 용기와 지혜가 필요할 것이라 생각하는 이유인 것입니다. 우리가 앞으로의 세월에서 자신의 삶을 의미 있고 뜻있게 마침표를 찍어가면서 시간을 보낸다면 그 얼마나 의미 있고 보람된 세월이 아닐까 생각해 보시기 바랍니다.

국내외 VIP 단증 수여

Photos of Dan certificate award ceremonies for VIPs, both domestically and abroad

주한 몽골 대사에게 단증을 수여하고 있는 총재 예하(2006. 10. 23.)
The chairman awards a Dan certificate to the Mongol Ambassador to Korea.

주한 싱가포르 대사에게 단증을 수여하고 있는 총재 예하(2006. 10. 30.)
The chairman awards a Dan certificate to the Singaporean Ambassador to Korea.

주한 아랍에미레이트 대사에게 단증을 수여하고 있는 총재 예하(2006. 11. 20.)
The chairman awards a Dan certificate to the United Arab Emirates Ambassador to Korea.

주한 우루과이 대사에게 단증을 수여하고 있는 총재 예하(2007. 2. 26.)
The chairman awards a Dan certificate to the Uruguayan Ambassador to Korea.

주한 카자흐스탄 대사에게 단증을 수여하고 있는 총재 예하(2007. 2. 28.)
The chairman awards a Dan certificate to the Kazakh Ambassador to Korea.

주한 이라크 대사에게 단증을 수여하고 있는 총재 예하(2007. 3. 5.)
The chairman awards a Dan certificate to the Iraqi Head of Mission Ambassador to Korea.

주한 호주 대사에게 단증을 수여하고 있는 총재 예하(2007. 5. 21.)
The chairman awards a Dan certificate to the Australian Ambassador to Korea.

주한 사우디 대사에게 단증을 수여하고 있는 총재 예하(2007. 8. 17.)
The chairman awards a Dan certificate to the Saudi Arabian Ambassador to Korea.

국내외 VIP 단증 수여
Photos of Dan certificate award ceremonies for VIPs, both domestically and abroad

주한 쿠웨이트 대사에게 단증을 수여하고 있는 총재 예하(2007. 8. 22.)
The chairman awards a Dan certificate to the Kuwaiti Ambassador to Korea.

주한 베네주엘라 대사관 무관 공군(준장) 장군에게 단증을 수여하고 있는 총재 예하(2007. 3. 9.)
The chairman awards a Dan certificate to the Air Attaché (Brigadier General) of the Venezuelan Embassy to Korea.

스리랑카 육군본부 준장(장군)에게 단증을 수여하고 있는 총재 예하(2007. 6. 27.)
The chairman awards a Dan certificate to the brigadier general of the Military Headquarter of Sri Lankan to Korea.

주한 러시아 대사관 육해공군 무관 육군(소장) 장군에게 단증을 수여하고 있는 총재 예하(2007. 7. 16.)
The chairman awards a Dan certificate to the Russia military, air & naval Attaché (Major General) of the Russian Embassy to Korea.

미국 LA 검찰총장에게 단증을 수여하고 있는 총재 예하(2000. 8. 29.)
The chairman awards a Dan certificate to the LA Chief Public Prosecutor in the US..

벨라루스 前 대통령에게 단증을 수여하고 있는 총재 예하(2002. 2. 19.)
The chairman awards a Dan certificate to the former President of Belarus to Korea.

유엔 IAEWP 총재에게 단증을 수여하고 있는 총재 예하(1999. 10. 14.)
The chairman awards a Dan certificate to the President of IAEWP at the United Nations.

스리랑카 장관에게 단증을 수여하고 있는 총재 예하(2000. 7. 6.)
The chairman awards a Dan certificate to the Sri Lankan Minister to Korea.

국내외 VIP 단증 수여
Photos of Dan certificate award ceremonies for VIPs, both domestically and abroad

주한 튀니지 대사에게 단증을 수여하고 있는 총재 예하(2008. 2. 15.)
The chairman awards a Dan certificate to Tunisian Ambassador to Korea.

주한 레바논 대사에게 단증을 수여하고 있는 총재 예하(2008. 2. 21.)
The chairman awards a Dan certificate to the Lebanonese Ambassador to Korea.

주한 이란 대사에게 단증을 수여하고 있는 총재 예하(2008. 2. 22.)
The chairman awards a Dan certificate to Ieanian Ambassador to Korea.

주한 파라과이 대사에게 단증을 수여하고 있는 총재 예하(2008. 2. 28.)
The chairman awards a Dan certificate to Paraguayan Ambassador to Korea.

주한 이집트 대사에게 단증을 수여하고 있는 총재 예하(2008. 2. 29.)
The chairman awards a Dan certificate to Egyptian Ambassador to Korea.

주한 콜롬비아 대사에게 단증을 수여하고 있는 총재 예하(2008. 6. 17.)
The chairman awards a Dan certificate to the Colombian Ambassador to Korea.

주한 남아공 대사에게 단증을 수여하고 있는 총재 예하(2008. 6. 19.)
The chairman awards a Dan certificate to the South African Ambassador to Korea.

주한 영국 대사에게 단증을 수여하고 있는 총재 예하(2008. 7. 11.)
The chairman awards a Dan certificate to the British Ambassador to Korea.

CHAPTER 8. 인간의 마음은 타인에게 행복을 안겨주고 싶어 한다

지혜를 나누는 글

인간의 마음은 타인에게
행복을 안겨주고 싶어 할 것입니다.

인생을 중요하게 생각하는 인간은 아무리 이기적이고 배타적인 성격을 지니고 있다 해도 인간의 본성에는 특정한 원칙이 잠재의식 속에 존재하고 있음을 우리는 삶을 살아가면서 반드시 깨달아야만 그런 행복을 오래도록 지속할 수 있을 것입니다. 우리가 삶 속에서 타인의 행복이 보이지 않기 때문에 관심과 미련을 갖게 될 것이고, 그로 인하여 타인에게 행복을 안겨주고자 하는 마음을 가지고 살아가는 것은, 일반적인 사람들의 하나같은 마음으로 진실의 삶을 살아간다는 것을 알아야 할 것입니다.

우리가 살아가는 일상생활 속에서 비록 자신이 타인의 기뻐하는 모습을 보는 것 말고도 아무것도 얻지를 못한다고 할지라도 우리는 분명 타인을 위해서 행복을 안겨주는 행동을 멈추지 말아야 할 것입니다. 만약 우리가 삶 속에서 너무나 당연하게 이구동성으로 말하는 것이 바로 자신의 합리화인 '인간은 이기적이다'는 명제를 어릴 적부터 성인이 되어서도 우리의 뇌리에 새기면서 받아들여 왔기에 인간은 이기적인 동물로 성장하여 왔다는 것입니다.

그러나 최근의 다양한 실험과 현실의 사례 속에서 밝혀진 바에 보면 우리 속마음에는 인간으로서 이타성이 크게 존재한다는 것을 발견하게 되었고, 이런 연구자료들이 과학적으로도 발표가 된 바 있습니다. 즉, 우리는 삶에서 남을 먼저 생각하는 것이 결국은 자신을 위한 것이 된다는 사실에 주목해야 할 것이며, 자신의 이익보다 먼저 남을 배려하게 된다면 그 또한 행복으로 다가온다는 것을 기억해야 할 것입니다.

국내외 VIP 단증 수여
Photos of Dan certificate award ceremonies for VIPs, both domestically and abroad

주한 가봉 대사에게 단증을 수여하고 있는 총재 예하(2008. 7. 21.)
The chairman awards a Dan certificate to the Gabonese Ambassador to Korea.

주한 가나 대사에게 단증을 수여하고 있는 총재 예하(2008. 8. 4.)
The chairman awards a Dan certificate to the Ghanaian Ambassador to Korea.

주한 파키스탄 대사에게 단증을 수여하고 있는 총재 예하(2008. 8. 18.)
The chairman awards a Dan certificate to the Pakistani Ambassador to Korea.

주한 에콰도르 대사에게 단증을 수여하고 있는 총재 예하(2008. 8. 13.)
The chairman awards a Dan certificate to the Ecuadorian Ambassador to Korea.

주한 몽골 대사에게 단증을 수여하고 있는 총재 예하(2008. 8. 18.)
The chairman awards a Dan certificate to the Mongolian Ambassador to Korea.

주한 방글라데시 대사에게 단증을 수여하고 있는 총재 예하(2008. 8. 18.)
The chairman awards a Dan certificate to the Bangladeshi Ambassador to Korea.

주한 멕시코 대사관 육공군 무관(준장) 장군에게 단증을 수여하고 있는 총재 예하(2007. 9. 18.)
The chairman awards a Dan certificate to the Mexican Air Attaché of the Embassy of Mexico to Korea.

코스타리카 대사에게 단증을 수여하고 있는 총재 예하(2008. 9. 29.)
The chairman awards a Dan certificate to the Costa Rican Ambassador to Korea.

국내외 VIP 단증 수여
Photos of Dan certificate award ceremonies for VIPs, both domestically and abroad

스웨덴 대사에게 단증을 수여하고 있는 총재 예하(2008. 10. 20.)
The chairman awards a Dan certificate to the Swedish Ambassador to Korea.

우즈베키스탄 대사에게 단증을 수여하고 있는 총재 예하(2008. 11. 3.)
The chairman awards a Dan certificate to the Uzbekistan Ambassador to Korea.

라오스 대사에게 단증을 수여하고 있는 총재 예하(2009. 2. 4.)
The chairman awards a Dan certificate to the Laotian Ambassador to Korea.

수단 대사에게 단증을 수여하고 있는 총재 예하(2009. 2. 25.)
The chairman awards a Dan certificate to the Sudanese Ambassador to Korea.

세네갈 대사에게 단증을 수여하고 있는 총재 예하(2009. 3. 26.)
The chairman awards a Dan certificate to the Senegal Ambassador to Korea.

나이지리아 대사에게 단증을 수여하고 있는 총재 예하(2009. 4. 7.)
The chairman awards a Dan certificate to the Nigerian Ambassador to Korea.

파라과이 내무부차관에게 단증을 수여하고 있는 총재 예하(2009. 4. 25.)
The chairman awards a Dan certificate to the Paraguayan Viceministro de Seguridad Interna.

네팔 대사에게 단증을 수여하고 있는 총재 예하(2009. 5. 14.)
The chairman awards a Dan certificate to the Nepalese Ambassador to Korea.

국내외 VIP 단증 수여
Photos of Dan certificate award ceremonies for VIPs, both domestically and abroad

키르기즈스탄 대사에게 단증을 수여하고 있는 총재 예하(2009. 6. 16.)
The chairman awards a Dan certificate to the Kyrgyzstan Ambassador to Korea.

알제리 대사에게 단증을 수여하고 있는 총재 예하(2009. 7. 2.)
The chairman awards a Dan certificate to the Algerian Ambassador to Korea.

필리핀 대사에게 단증을 수여하고 있는 총재 예하(2009. 7. 29.)
The chairman awards a Dan certificate to the Philippine Ambassador to Korea.

쿠웨이트 대사에게 단증을 수여하고 있는 총재 예하(2009. 7. 29.)
The chairman awards a Dan certificate to the Kuwaiti Ambassador to Korea.

말레이시아 대사에게 단증을 수여하고 있는 총재 예하(2009. 8. 7.)
The chairman awards a Dan certificate to the Malaysian Ambassador to Korea.

엘살바도르 대사에게 단증을 수여하고 있는 총재 예하(2009. 8. 12.)
The chairman awards a Dan certificate to the El Salvador Ambassador to Korea.

스리랑카 육군 트링코만리 지역 사령관에게 단증을 수여하고 있는 총재 예하(2007. 6. 28.)
The chairman awards a Dan certificate to the Sri Lankan military commander in the Trincomalee region.

캄보디아 대사에게 단증을 수여하고 있는 총재 예하(2012. 9. 24.)
The chairman awards a Dan certificate to the Cambodian Ambassador to Korea.

CHAPTER 9. 자신을 위해서 적극적으로 남을 도와야 할 것이다

│ 지혜를 나누는 글

**우리들의 삶에서 자신을 위해서
적극적으로 남을 도와야 할 것입니다.**

    우리가 삶을 살아가는 동안에 서로의 나눔은 자기 자신의 존재감을 고양시키는 밑거름이 된다는 사실과 삶에서 자존감을 드높여 준다는 사실을 깨달아야 할 것입니다. 우리는 삶을 살아가면서 남을 위한 것이 아닌 자신의 주위를 한 번 둘러보게 된다면 손쉽게 그 해답을 얻게 되는 행운의 기회를 맞이할 수 있을 것입니다.

    그래서 우리는 자신의 삶에서 서로에게 나눔을 실천하는 사람들 중에서 불행한 사람을 찾을 수 있었는지 한 번 생각하는 시간을 가져본다면 결코 불행한 사람을 찾아볼 수 없다는 것을 깨닫게 될 것입니다. 그런 것이 나눔을 실천하는 사람들 중에서 자신의 얼굴에 짜증을 내고 우울한 표정을 하고 생활하는 사람이 과연 있었던가 뒤돌아 생각해 보면 답을 얻을 수 있을 것입니다.

    나눔을 삶 속에서 실천하는 사람은 언제나 조용하고 평화로운 미소를 지으며 잔잔하게 걸을 수 있는 것이며, 현실이나 미래에 행복해질 수 있다는 삶의 진리를 깨달은 사람들일 것입니다. 그래서 우리의 삶은 '타인에게 많이 베풀수록 더 행복해집니다'라는 생각으로 본인에게 돈을 쓸 때보다 타인에게 돈을 쓸 때 만족감이 더 크다는 경험을 삶에서 해본 적이 있을 것입니다. 이런 삶에서 오는 만족감이 단순히 주관적인 효익에서 오는 행복만이 아니라, 바로 자신의 객관적인 정신건강으로도 이어진다는 사실을 알아야 할 것입니다. 그 이유는 단 한 가지일 것인데 바로 인간인 우리는 누구에게나 도움을 베풀 수 있기에 우리는 누구나 위대해질 수 있는 만물의 영장이기 때문입니다.

국내외 VIP 단증 수여
Photos of Dan certificate award ceremonies for VIPs, both domestically and abroad

주한 동티모르 대사에게 단증을 수여하고 있는 총재 예하(2009. 11. 18.)
The chairman awards a Dan certificate to the Timor Leste Ambassador to Korea.

주한 코트디부와르 대사에게 단증을 수여하고 있는 총재 예하(2009. 12. 18.)
The chairman awards a Dan certificate to the Côte d'Ivoire Ambassador to Korea.

스리랑카 특수경찰대 사령관에게 단증을 수여하고 있는 총재 예하(2010. 1. 7.)
The chairman awards a Dan certificate to the Commandant Special Task Force of the Sri Lanka.

주한 브라질 대사에게 단증을 수여하고 있는 총재 예하(2010. 2. 26.)
The chairman awards a Dan certificate to the Brazilian Ambassador to Korea.

주한 브루나이 대사에게 단증을 수여하고 있는 총재 예하(2010. 3. 8.)
The chairman awards a Dan certificate to the Brunei Ambassador to Korea.

주한 케냐 대사에게 단증을 수여하고 있는 총재 예하(2010. 3. 9.)
The chairman awards a Dan certificate to the Kenya Ambassador to Korea.

주한 사우디 대사에게 단증을 수여하고 있는 총재 예하(2010. 3. 29.)
The chairman awards a Dan certificate to the Saudi Arabian Ambassador to Korea.

스리랑카 경찰대 학장에게 단증을 수여하고 있는 총재 예하(2007. 6. 28.)
The chairman awards a Dan certificate to the Director Police College of the Sri Lanka.

국내외 VIP 단증 수여
Photos of Dan certificate award ceremonies for VIPs, both domestically and abroad

이라크 대사에게 단증을 수여하고 있는 총재 예하(2010. 6. 23.)
The chairman awards a Dan certificate to the Iraq Ambassador to Korea.

인도 대사에게 단증을 수여하고 있는 총재 예하(2010. 7. 8.)
The chairman awards a Dan certificate to the Indian Ambassador to Korea.

가나 대사에게 단증을 수여하고 있는 총재 예하(2010. 7. 30.)
The chairman awards a Dan certificate to the Ghanaian Ambassador to Korea.

파라과이 부통령 부인 겸 하원의원에게 단증을 수여하고 있는 총재 예하(2010. 10. 14.)
The chairman awards a Dan certificate to a Paraguayan congresswoman and the spouse of the Paraguayan Vice President.

스리랑카 특수경찰대 사령관에게 단증을 수여하고 있는 총재 예하 (2007. 6. 27.)
The chairman awards a Dan certificate to the Deputy Inspector General of Police, Commandant of the Special Task Force of Sri Lanka.

파라과이 하원의원에게 단증을 수여하고 있는 총재 예하(2010. 10. 14.)
The chairman awards a Dan certificate to a Paraguayan congressman.

파라과이 하원의원에게 단증을 수여하고 있는 총재 예하(2010. 10. 14.)
The chairman awards a Dan certificate to a Paraguayan congressman.

앙골라 대리대사에게 단증을 수여하고 있는 총재 예하(2010. 10. 22.)
The chairman awards a Dan certificate to the Angolan Chargé d'Affaires to Korea.

국내외 VIP 단증 수여
Photos of Dan certificate award ceremonies for VIPs, both domestically and abroad

온두라스 대사에게 단증을 수여하고 있는 총재 예하(2011. 1. 17.)
The chairman awards a Dan certificate to the Honduran Ambassador to Korea.

튀니지 대사에게 단증을 수여하고 있는 총재 예하(2011. 2. 9.)
The chairman awards a Dan certificate to the Tunisian Ambassador to Korea.

볼리비아 대사에게 단증을 수여하고 있는 총재 예하(2014. 8. 12.)
The chairman awards a Dan certificate to the Bolivian Ambassador to Korea.

오만 대사에게 단증을 수여하고 있는 총재 예하(2011. 3. 16.)
The chairman awards a Dan certificate to the Omani Ambassador to Korea.

요르단 대사에게 단증을 수여하고 있는 총재 예하(2011. 2. 15.)
The chairman awards a Dan certificate to the Jordan Ambassador to Korea.

엘살바도르 대사에게 단증을 수여하고 있는 총재 예하(2011. 2. 23.)
The chairman awards a Dan certificate to the El Salvador Ambassador to Korea.

이란 대사에게 단증을 수여하고 있는 총재 예하(2011. 2. 23.)
The chairman awards a Dan certificate to the Iranian Ambassador to Korea.

베트남 대사에게 단증을 수여하고 있는 총재 예하(2011. 3. 8.)
The chairman awards a Dan certificate to the Vietnamese Ambassador to Korea.

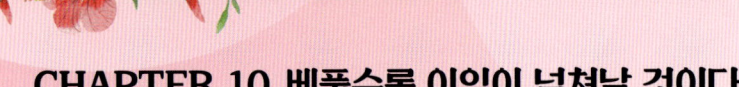

CHAPTER 10. 베풀수록 이익이 넘쳐날 것이다

| 지혜를 나누는 글

**인생에서 작은 것이라도 베풀수록
이익이 넘쳐날 것입니다.**

　우리가 살아가면서 남에게 베풀게 되면, 자신이 받을 때보다 기분이 더 좋아지고 행복해지는 것을 느끼게 될 것입니다. 남에게 작은 것이라도 배려와 나눔이 함께할 수 있는 그 순간부터 더 많은 것이 우리들의 삶에서 생기게 될 것이며, 미래에는 더 많은 이익과 수익과 행복이 돌아온다는 것을 잊지 말아야 할 것입니다.

　우리들의 주변에서 자선활동을 열심히 하는 사람들의 삶의 만족도가 높다는 것은 이미 통계학적으로 발표된 적이 있으며, 남에게 자신이 가지고 있는 작은 것이라도 사용할 때 그 나눔을 전해준 사람들은 더 행복해졌다는 사실이 입증된 적이 있다는 것입니다. '라즈 라후나탄'의 조사 결과에서 나타내고 있듯이 미국인 3만 명의 자료를 분석한 결과, 1달러를 기부할 때마다 미국인의 소득이 3.75달러씩 증가했다는 결과가 있으며, 이것은 바로 이타주의자의 승진 가능성이 6배 높았다는 사실을 증명한 것입니다.

　우리가 흔한 질문 중 "왜 똑똑한 사람들은 행복하지 않을까?" 하는 의문의 생각은 바로 똑똑한 사람은 완벽해지려는 자신만의 정해진 틀에 사로잡혀 있다는 공통된 점을 발견할 수 있을 것이고, 그것은 작은 것에서 불필요하게 지나친 간섭이 자신과 삶을 파괴하고 있다는 사실을 잊고 있다는 점일 것입니다. 그래서 남을 위한 배려와 나눔은 우리들의 삶에서 가장 행복한 시간과 미래를 위한 준비가 된다는 것을 명심해야 할 것입니다.

국내외 VIP 단증 수여

Photos of Dan certificate award ceremonies for VIPs, both domestically and abroad

투르크메니스탄 대사에게 단증을 수여하고 있는 총재 예하(2014. 5. 29.)
The chairman awards a Dan certificate to the Turkmenistan Ambassador to Korea.

몽골 대사관 국방무관(장군)을 예방하여 단증을 수여하고 있는 총재 예하(2013. 7. 8.)
The chairman awards a Dan certificate to the Mongolian Defense Attaché (Major General) of the Mongolian Embassy to Korea.

주한 사우디 대사관 무관(장군)에게 단증을 수여하고 있는 총재 예하(2014. 3. 27.)
The chairman awards a Dan certificate to the Saudi Arabian Military Attaché (Brigadier General) to Korea.

파키스탄 대사에게 단증을 수여하고 있는 총재 예하(2011. 8. 2.)
The chairman awards a Dan certificate to the Pakistani Ambassador to Korea.

앙골라 대사에게 단증을 수여하고 있는 총재 예하(2011. 10. 19.)
The chairman awards a Dan certificate to the Angola Ambassador to Korea.

아랍에미레이트 국방무관에게 단증을 수여하고 있는 총재 예하(2014. 8. 12.)
The chairman awards a Dan certificate to the U.A.E. Defense Attaché.

도미니카 대사에게 단증을 수여하고 있는 총재 예하(2012. 3. 29.)
The chairman awards a Dan certificate to the Dominican Ambassador to Korea.

스리랑카 대사에게 단증을 수여하고 있는 총재 예하(2012. 3. 12.)
The chairman awards a Dan certificate to the Srilankan Ambassador to Korea.

국내외 VIP 단증 수여
Photos of Dan certificate award ceremonies for VIPs, both domestically and abroad

르완다 대사에게 단증을 수여하고 있는 총재 예하(2015. 4. 8.)
The chairman awards a Dan certificate to the Rwanda Ambassador to Korea.

시에라리온 대사에게 단증을 수여하고 있는 총재 예하(2015. 4. 8.)
The chairman awards a Dan certificate to the Sierra Leone Ambassador to Korea.

잠비아 대사를 예방하여 환담 후 단증을 수여하고 있는 총재 예하(2015. 2. 4.)
The chairman awards a Dan certificate to the Zambia Ambassador to Korea.

마셜제도 공화국 대사관 대사에게 단증을 수여하고 있는 총재 예하 (2014. 9. 15.)
The chairman awards a Dan certificate to the Marshall Islands Ambassador to Korea.

아제르바이잔 대사에게 단증을 수여하고 있는 총재 예하(2015. 7. 28.)
The chairman awards a Dan certificate to the Azerbaijan Ambassador to Korea.

니카라과 대사에게 단증을 수여하고 있는 총재 예하(2016. 9. 9.)
The chairman awards a Dan certificate to the Nicaragua Ambassador to Korea.

튀니지 대사관 대사에게 단증을 수여하고 있는 총재 예하(2015. 4. 2.)
The chairman awards a Dan certificate to the Tunisian Ambassador to Korea.

타지키스탄 대사에게 단증을 수여하고 있는 총재 예하(2017. 4. 25.)
The chairman awards a Dan certificate to Tajikistan Ambassador to Korea

국내외 VIP 단증 수여
Photos of Dan certificate award ceremonies for VIPs, both domestically and abroad

튀니지 대사에게 단증을 수여하고 있는 총재 예하(2012. 4. 30.)
The chairman awards a Dan certificate to the Tunisian Ambassador to Korea.

에티오피아 대사에게 단증을 수여하고 있는 총재 예하(2012. 11. 5.)
The chairman awards a Dan certificate to the Ethiopian Ambassador to Korea.

조지아 대사에게 단증을 수여하고 있는 총재 예하(2012. 11. 8.)
The chairman awards a Dan certificate to the Georgian Ambassador to Korea.

온두라스 대사관 대사를 예방하여 합기도복을 증정하고 본 협회 조직위원으로 위촉하고 있는 총재 예하(2011. 3. 8.)
The chairman nominates the Honduran Ambassador to the Organizing Committee of the WHA.

요르단 대사관 대사를 예방하여 본 협회 명예 상임위원으로 위촉하고 있는 총재 예하(2011. 4. 28.)
The chairman visits the Jordanian Embassy, presenting the Ambassador with a letter of nomination as an honorary member of the standing committee of the WHA.

싱가포르 대사에게 본 협회 단증을 수여하고 있는 총재 예하(2016. 3. 28.)
The chairman awards a Dan certificate to the Singaporean Ambassador to Korea.

타지키스탄 대사대리에게 단증을 수여하고 있는 총재 예하(2016. 4. 4.)
The chairman awards a Dan certificate to the Tajikistan Chargé d'Affaires to Korea.

네덜란드 대사에게 본 협회 단증을 수여하고 있는 총재 예하(2016. 4. 18.)
The chairman awards a Dan certificate to the Dutch Ambassador to Korea.

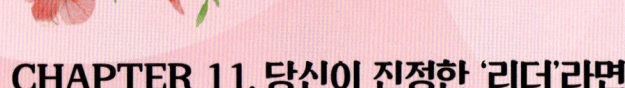

CHAPTER 11. 당신이 진정한 '리더'라면

| 지혜를 나누는 글

**당신이 진정한 '리더'라고 생각이 들면
매일 아침마다 해야 할 질문이 존재할 것입니다.**

당신이 진정한 '리더'라고 생각하고 있다면 아침에 일어나 매일 같이 다음과 같은 질문들을 스스로에게 던져보는 습관을 가져야 할 것입니다.

첫째, 나는 지금 어떤 세계에 살고 있으며, 나의 세계에서 어떤 역할을 해야 할 것인가?
둘째, 나의 가장 큰 장점은 어떤 것이 있으며, 나의 큰 단점은 무엇인가?
셋째, 나와 함께하는 사람들에게 최상의 이익을 얻어 번창하려면 무엇을 실천해야 할 것이며, 최악의 결과를 피하려면 무엇을 준비해야 하는가?

급속한 변화의 시대엔 세상의 변화 방향을 놓치면 어떤 조직이라도 미래는 보장할 수 없다는 것을 깨달아야 할 것입니다. 조직을 위한 진정한 '리더'라면 책임감을 지녀야 할 것이며, '리더'의 마지막 의무는 조직의 생존을 지켜내는 일이라는 것을 절대로 잊지 말아야 할 것입니다.

진정한 '리더'가 한순간도 방심할 수 없는 이유가 여기 있는 것이며, 만약 '리더'가 무너지면 그 조직이 무너지는 것은 순식간에 이루어진다는 사실을 모든 '리더'라면 깨닫고 잊지 말아야 할 것입니다. 조직의 중심은 바로 '리더'이며, '리더'가 중심으로 움직이면서 조직의 사람들과 하나가 되기 위해서는 지금의 '리더'는 무엇을 준비하고 실천해야 하는지 매일 같이 생각하고 하루를 시작하는 행동을 해야 할 것이라는 점을 기억해야 할 것입니다.

30년 이상 국제 민간외교 활동
Over 30 years of international civilian diplomatic activities

라트비아 대사에게 본 협회 단증을 수여하고 있는 총재 예하(2016. 4. 6.)
The chairman awards a Dan certificate to the Latvian Ambassador to Korea.

주한 러시아 대사와 함께한 총재 예하(2005. 10. 21.)
The chairman with the Russian Ambassador to Korea.

주한 영국 대사와 함께한 총재 예하(2005. 12. 12.)
The chairman with the British Ambassador to Korea.

주한 프랑스 대사와 함께한 총재 예하(2005. 10. 26.)
The chairman with the French Ambassador to Korea.

한미 연합사령관 겸 유엔사령관 겸 미군사령관과 함께한 총재 예하(2005. 10. 24.)
The chairman with the ROK-U.S. Combined Forces Commander, U.N. Commander, and U.S. Army Commander.

주한 미8군 사령관과 함께한 총재 예하(2002. 10. 17.)
The chairman with the U.S. 8th Army Commander in Korea.

주한 미8군 사령관과 함께한 총재 예하(2003. 10. 30.)
The chairman with the U.S. 8th Army Commander in Korea.

리비아 노동부장관과 함께한 총재 예하(2006. 9. 5.)
The chairman with the Libyan Minister of Labor.

30년 이상 국제 민간외교 활동
Over 30 years of international civilian diplomatic activities

좌로부터 주한 미 해병대 사령관, 총재, 한미 공군구성 군사령관(2008. 6. 30.)
(From left) Commander of U.S. Marine Corps Forces Korea, Chairman, Commander of ACC (ROK-U.S. CFC).

스페인 대사와 악수를 나누고 있는 총재 예하(2012. 10. 12.)
The chairman shaking hands with Spanish Ambassador.

좌로부터 스위스 육군 소장(장군), 총재, 러시아 육해공군 무관(육군 소장) 장군(2008. 6. 12.)
(From left) Swiss Major General, Chairman, Russian Major General.

미 해병대 제3기동군 사령관과 함께한 총재 예하(2009. 11. 14.)
The chairman with the Commanding General of the Marine Expeditionary Force.

코트 디 부아르 축산어업자원부 장관과 악수를 나누고 있는 총재 예하(2012. 8. 8.)
The chairman shaking hands with Minster of Animales of CÔte D'Ivoire.

독일 대사와 함께한 총재 예하(2012. 10. 9.)
The chairman with German Ambassador.

주한 미 특전사령관과 함께한 총재 예하(2007. 11. 8.)
The chairman with the Commander of Special Operations Korea.

제29대 미 해병대 사령관(대장)과 함께한 총재 예하(2007. 11. 10.)
The chairman with the 29th Commandant of the U.S. Marine Corps.

30년 이상 국제 민간외교 활동
Over 30 years of international civilian diplomatic activities

미군사령관 겸 유엔사령관 겸 한미연합사령관과 함께한 총재 예하 (2007. 11. 8.)
The chairman with the ROK-U.S. Combined Forces Commander, U.N. Commander, and U.S. Army Commander.

우간다 재무기획경제개발부 장관과 함께한 총재 예하(2010. 9. 15.)
The chairman with the Minister of Finance and Economic Development of Uganda.

벨라루스 前 대통령에게 도예를 기증하고 있는 총재 예하(2002. 2. 19.)
The chairman with the former President of Belarus.

수단 내무부장관과 함께한 총재 예하(2008. 5. 27.)
The chairman with the Sudanese Minister of Interior.

파라과이 대법원장과 함께한 총재 예하(2008. 3. 26.)
The chairman with the President of the Supreme Court of Justice (Poder Judicial) of Paraguay.

베트남 국회의장과 함께한 총재 예하(2008. 3. 21.)
The chairman with the Speaker of the National Assembly of the Socialist Republic of Vietnam.

한미 연합사령관 겸 유엔사령관 겸 미군사령관과 함께한 총재 예하(2008. 6. 30.)
The chairman with the ROK-U.S. Combined Forces Commander, U.N. Commander, and U.S. Army Commander.

이란 대사와 함께한 총재 예하(2011. 2. 11.)
The chairman with Iranian Ambassador.

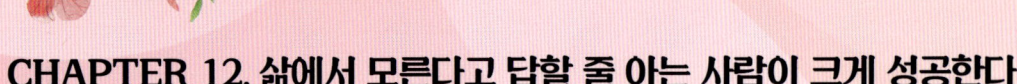

CHAPTER 12. 삶에서 모른다고 답할 줄 아는 사람이 크게 성공한다

| 지혜를 나누는 글

우리는 삶에서 '모른다'고 답할 줄 아는 사람이 크게 성공할 것입니다

인간이 살아가는 세상에서 모든 분야에서 전문가인 사람은 존재할 수 없을 것입니다. 그래서 자신이 모르는 것이 있다면 '모른다'라고 솔직하게 말하는 습관을 길러야 험한 세상에서 생존할 수 있는 시간이 길어진다는 것을 깨달아야 할 것입니다.

우리가 삶을 살아가는 동안 '모른다'라는 말은 인간의 삶에서 죄가 되는 것이 아니라 솔직한 사람으로서 다음을 기약할 수 있고, 미래를 새롭게 만들 수 있는 사람이라는 것을 우리는 알아야 할 것이며, 글로벌 기업에서도 꾸준히 높은 성과를 거두는 사람들을 알아볼 수 있는 일종의 암호나 경구로 사용하면서 통하고 있다는 사실을 기억해야 할 것입니다.

세계의 이름 있는 심리학자들의 공통된 의견에 따르면 "난 알고 있어"라고 자주 말하는 사람들은 사회성이나 사교성이 떨어지는 것으로 결과가 나왔고, 주변 사람들에게도 인기가 없을 확률이 아주 높다고 합니다. 이와 반대로 망설임 없이 "잘 모르겠는데"라고 말하는 사람들은 오히려 풍부한 상상력과 창의력을 지닌 경우가 많다고 심리학자들의 연구 결과로 말하고 있다는 사실입니다. 그래서 우리는 삶에서 아는 것을 말하는 지식도 중요하지만 "모른다"라고 말하는 것도 매우 중요한 행동임으로, 모른다고 해서 절대로 남들에게 부끄러워할 이유가 전혀 없다는 사실을 잊지 말아야 할 것입니다.

30년 이상 국제 민간외교 활동
Over 30 years of international civilian diplomatic activities

캄보디아 건설부장관과 함께한 총재 예하(2009. 6. 3.)
The chairman with the Cambodian Minister of Land Management.

태국 산업부장관과 함께한 총재 예하(2009. 7. 2.)
The chairman with the Thai Minister of Industry.

인도 상공부장관과 함께한 총재 예하(2009. 8. 7.)
Chairman with Minister of Indian Commerce and Industry.

일본 대사와 함께한 총재 예하(2008. 11. 18.)
The chairman with the Japanese Ambassador to Korea.

중국 대사와 함께한 총재 예하(2009. 4. 7.)
The chairman with the Chinese Ambassador to Korea.

좌로부터 스위스 육군 소장, 스웨덴 육군 소장, 총재 예하, 영국 국방무관(준장)(2009. 6. 11.)
(From left) Swiss Major General, Swedish Major General, Chairman, British Defense Attaché.

케냐 대사와 함께한 총재 예하(2010. 12. 15.)
The chairman with Kenya Ambassador.

스리랑카 복지부장관과 함께한 총재(2007. 9. 11.)
The chairman with the Sri Lankan Minister of Foreign Employment Promotion.

30년 이상 국제 민간외교 활동
Over 30 years of international civilian diplomatic activities

미국 대통령 경제자문위원과 함께한 총재 예하(2008. 11. 4.)
The chairman with the Council of Economic Advisers to the U.S. President.

파라과이 정당 총재(前 육군참모총장)와 함께한 총재 예하(2008. 11. 25.)
The chairman with the President of a Paraguayan political party.

유엔 사무부 총장과 함께한 총재 예하(2008. 10. 30.)
The chairman with the U.N. Deputy Secretary-General.

카타르 중앙은행 총재와 함께한 총재 예하(2008. 11. 14.)
The chairman with the Governor of the Qatar Central Bank.

터키 교통부 장관과 함께한 총재 예하(2008. 10. 29.)
The chairman with the Turkish Minister of Transport and Communications.

투르크메니스탄 교통부장관과 함께한 총재 예하(2008. 11. 6.)
The chairman with the Turkmenistan Minister of Motor Transport.

중국 대외연락부장(장관)과 함께한 총재 예하(2009. 4. 7.)
The chairman with the Head of the International Liaison Department (Minister) of China.

2006 노벨물리학상 수상자와 함께한 총재 예하(2009. 3. 19.)
The chairman with the 2006 Nobel Laureate in Physics.

30년 이상 국제 민간외교 활동
Over 30 years of international civilian diplomatic activities

유엔사령관, 한미연합사령관, 주한 미군 사령관과 함께한 총재 예하(2008. 11. 15.)
The chairman with United Nations Commander, Rok/US Combined Forces Commander, United States Forces Korea Commander.

이탈리아 대사와 함께한 총재 예하(2007. 9. 18.)
The chairman with the Italian Ambassador to Korea.

前 미국 CIA 한국지부장, 주한 미국 대사와 함께한 총재 예하(2007. 11. 8.)
The chairman with the former U.S. Ambassador.

주한 미 공군사령관 겸 한미 공군구성군 사령관과 함께한 총재 예하(2007. 11. 8.)
The chairman with the Commander of the ACC (ROK-U.S.).

유럽 대사와 함께한 총재 예하(2009. 5. 8.)
The chairman with the European Union Ambassador.

말레이시아 국방대학 총장(육군 중장)과 함께한 총재 예하(2008. 7. 4.)
The chairman with the Chancellor of the National Defence University of Malaysia.

파라과이 경찰청장과 함께한 총재 예하(2009. 4. 25.)
The chairman with the Commander of the Paraguayan Policia Nacional.

독일 대사와 함께한 총재 예하(2008. 10. 13.)
The chairman with the German Ambassador.

CHAPTER 13. 당신은 삶에서 진정한 친구를 만나 보았는가

지혜를 나누는 글

**당신은 삶에서
진정한 친구를 만나 보셨는지요.**

우리의 삶에서 진정한 친구란 과연 어떠한 존재이며, 어떠한 가치로서 내 곁에 존재하는 것일까 하는 고민을 한 번은 삶을 살아가면서 깊이 생각을 해봐야 할 것이고, 그러한 친구 눈에 지금 현실의 내 자신이 어떻게 보여지고 있는지 깊은 사색에 잠겨봅니다. 수행자는 중생들에게 자신의 모습을 뒤돌아보는 시간이 될 것이며, 일반인도 지금까지의 삶에서 가장 소중한 친구가 몇이나 되는지 돌아보는 시간이 되어야 할 것입니다.

내가 힘들고 고통받을 때, 내가 괴롭고 실의에 빠져 있을 때 나를 위해서 내게 가까이 다가와 줄 수 있는 친구가 존재하는지 깊이 생각을 할 때인 것입니다. 만약 그 사람과 같이 한 장소에 앉아 있을 때 한마디 말도 안 하고 무음의 시간을 보낸 후 헤어졌을 때, 마치 내 자신의 인생에서 최고의 대화를 나눈 것 같은 느낌을 주는 사람이 존재한다면 우리는 진정한 친구를 얻은 것입니다. 이런 친구는 우리 자신에게 엄청난 힘이 되는 훌륭한 친구라는 것을 깨달아야 할 것입니다. 대화가 없어도 상대의 마음을 읽어주는 속 깊은 친구이기에 더욱 소중한 존재가 되는 것입니다.

우리가 한 해 한 해를 멀리 떠나보내면서 우리는 얼마나 많은 사람들과 만남과 헤어짐을 이어 왔는지요. 그리고 그 가운데서 얼마나 소중한 것을 얻었는지 생각해야 할 것입니다. 그래서 소중한 것을 얻었다는 것을 깨달았으면 반드시 지켜야 진정한 친구를 얻을 수 있을 것이라고 생각합니다. 진정한 친구는 우리의 삶에서 그리 많이 존재하지 않을 것입니다. 우리가 원하는 진정한 친구는 우리가 노력하는 과정에서 만들어지는 결실이라는 것을 반드시 기억하고 명심해야 할 것입니다.

30년 이상 국제 민간외교 활동
Over 30 years of international civilian diplomatic activities

에콰도르 전력재생에너지 장관과 함께한 총재 예하(2010. 5. 26.)
The chairman with the Minister of Electricity and Renewable Energy of Ecuador.

한미 공군구성군 사령관과 함께한 총재 예하(2009. 11. 13.)
The chairman with the Commander of USFK.

파라과이 외교부장관에게 감사패를 수여하고 있는 총재(2010. 1. 22.)
The chairman conveying an appreciation plaque to the Paraguayan Minister of Foreign Affairs.

교황청 대사와 악수를 나누고 있는 총재 예하(2019. 3. 26.)
The Chairman shaking hands with the Vatican Ambassador.

사우디아라비아 국방무관(장군)과 악수를 나누고 있는 총재 예하(2018. 11. 30.)
The Chairman shaking hands with the Saudi Arabian Defense Attaché.

중국 국방무관(장군)과 악수를 나누고 있는 총재 예하(2018. 11. 22.)
The Chairman shaking hands with the Chinese Defense Attaché (General).

레바논 대사와 악수를 나누고 있는 총재 예하(2018. 11. 22.)
The Chairman shaking hands with the Lebanese Ambassador.

사우디아라비아 대사와 악수를 나누고 있는 총재 예하(2018. 11. 22.)
The Chairman shaking hands with the Saudi Arabian Ambassador.

30년 이상 국제 민간외교 활동
Over 30 years of international civilian diplomatic activities

오만 대사와 악수를 나누고 있는 총재 예하(2018. 11. 22.)
The Chairman shaking hands with the Omani Ambassador.

좌로부터 오스트리아 대사, 총재 예하, 유럽연합 대사(2018. 11. 20.)
From left: Austrian Ambassador, The Chairman, European Union Ambassador.

각국 대사와 함께한 총재 예하(2018. 11. 20.)
The Chairman with Ambassadors from various countries.

요르단 대사에게 한국 전통 민화를 증정하고 있는 총재 예하(2018. 11. 20.)
The Chairman presenting traditional Korean folk paintings to the Jordanian Ambassador.

일본 대사 내외와 함께한 총재 예하(2018. 11. 9.)
The Chairman with the Japanese Ambassador and his spouse.

세계할랄연맹 회장과 악수를 나누고 있는 총재 예하(2018. 11. 1.)
The Chairman shaking hands with the President of the World Halal Union.

각국 대사와 함께한 총재 예하(2018. 10. 24.)
The Chairman with Ambassadors from various countries.

인도 前 상공회의소연합 회장과 함께한 총재(2009. 8. 7.)
The chairman with the former chairman of the Federation of Indian Chamber of Commerce and Industry.

30년 이상 국제 민간외교 활동
Over 30 years of international civilian diplomatic activities

탄자니아 고등법원 법관과 함께한 총재(2010. 5. 12.)
The chairman with a judge of the Tanzanian High Court.

나이지리아 고등법원 법관과 함께한 총재(2010. 5. 12.)
The chairman with a judge of the Nigerian High Court.

좌로부터 레바논 대사, 콜롬비아 대사와 함께한 총재 예하(2018. 10. 24.)
From left: Lebanese Ambassador, Colombian Ambassador, and The Chairman.

코스타리카 국회의장에게 한국 민화 증정, 총재 예하(좌로부터 코스타리카 대사, 코스타리카 국회의장 부인)(2009. 10. 12.)
The chairman presenting a Korean traditional folk painting to the Speaker of Costa Rica. (From left) Costa Rican Ambassador, wife of the Speaker of Costa Rica.

이라크 국방무관(장군)과 악수를 나누고 있는 총재 예하(2018. 10. 24.)
The Chairman shaking hands with the Iraqi Defense Attaché (General).

주한 미 상공회의소 회장과 악수를 나누고 있는 총재 예하(2018. 10. 19.)
The Chairman shaking hands with the Chairman of the American Chamber of Commerce in Korea.

미얀마 대사와 악수를 나누고 있는 총재 예하(2018. 9. 12.)
The Chairman shaking hands with the Myanmar Ambassador.

모로코 대사와 악수를 나누고 있는 총재 예하(2018. 7. 31.)
The Chairman shaking hands with the Moroccan Ambassador.

CHAPTER 14. 삶의 원천은 무엇인가

| 지혜를 나누는 글

우리들의 삶의 원천은
무엇이라 생각하는지요.

우리들의 삶에는 모두가 인정하는 하나씩의 뿌리가 존재하고 있을 것입니다. 그것은 우리가 살아가는 거대하고 커다란 이 세상을 지탱하고 유지하고 우리들의 눈에는 보이지 않는 엄청난 힘의 원천이 되는 것임을 깨달아야 할 것입니다. 우리가 살아가는 이 세상의 모든 사람마다 그 뿌리는 가족이나 연인이 될 수도 있을 것이며, 우리가 생각하지 못한 세상에도 없는 누군가일 수도 있을 것입니다.

혹시라도 우리의 삶에서 애절한 사랑과도 같은 무형의 감정을 가질 수도 있을 것이며, 우리들의 마음속에도 아름다운 사랑이라는 원천이 존재하게 된다면 지금까지 아무런 생각 없이 행해졌던 모든 부질없는 행동들 하나하나가 진실한 마음에서 다가오는 사랑의 에너지로 늘 충만하여 삶이 즐거워지게 될 것이며, 더불어 온 세상에 광명의 빛도 함께할 수 있을 것입니다.

그래서 우리의 삶에서 발생하는 온갖 새로운 일 중에서도 혹시라도 그 어떤 문제도 우리들의 삶과 자신의 인생을 흔들어 놓을 수 없을 것이라는 점을 잊지 말고 기억해야 할 것입니다. 그 이유는 우리가 항상 성능 좋고 힘이 넘치는 든든한 엔진과도 같은 뿌리가 우리 인간의 삶과 직접 연결되어 스스로를 바라보는 판단으로 올바른 방향으로 움직일 수 있도록 해줄 것이기 때문이기에 우리의 삶을 지탱할 수 있는 것입니다. 즉, 우리들의 삶에서 혹시라도 자신의 몸과 마음을 지탱하는 나만의 원천은 무엇일까 한 번은 생각해 봐야 할 것이며, 빠르게 흘러가는 세월 속에서 잠시 일상을 멈추어 보고 생각하는 공간을 만들어 보는 것은 어떠한지요?

30년 이상 국제 민간외교 활동
Over 30 years of international civilian diplomatic activities

키르키즈 공화국 부총리와 악수를 나누고 있는 총재 예하(2013. 10. 18.)
The chairman shaking hands with the Deputy Prime Minister of the Kyrgyz Republic.

국제에너지기구(IEA) 사무총장과 악수를 나누고 있는 총재 예하(2013. 10. 18.)
The chairman shaking hands with the Executive Director of IEA.

前 세계무역기구(WTO) 사무총장과 악수를 나누고 있는 총재 예하(2013. 10. 18.)
The chairman shaking hands with the former Director-General of WTO.

터키 공군 소장(장군)과 악수를 나누고 있는 총재 예하(2013. 10. 29.)
The chairman shaking hands with the Major General of Turkish.

알제리 장군과 악수를 나누고 있는 총재 예하(2013. 10. 30.)
The chairman shaking hands with the Major General of Algerian.

크로아티아 공화국 국회의장과 악수를 나누고 있는 총재 예하(2014. 9. 2.)
The chairman shaking hands with the Speaker of the National Assembly of Croatia.

덴마크 무역개발부 장관과 악수를 나누고 있는 총재 예하(2014. 3. 6.)
The chairman shaking hands with the Minister of Trade and Development Cooperation of Denmark.

네팔 외교부장관과 악수를 나누고 있는 총재 예하(2014. 5. 15.)
The chairman shaking hands with the Nepalese Minister of Foreign Affairs.

30년 이상 국제 민간외교 활동
Over 30 years of international civilian diplomatic activities

타지키스탄 대사와 악수를 나누고 있는 총재 예하(2018. 5. 15.)
The Chairman shaking hands with the Tajikistan Ambassador.

사우디아라비아 경제기획부 장관과 악수를 나누고 있는 총재 예하
(2017. 10. 26.)
The Chairman shaking hands with the Saudi Arabian Minister of Economy and Planning.

한미연합사령관 겸 유엔사령관 겸 주한미군사령관(미 육군 대장)과
악수를 나누고 있는 총재 예하(2017. 10. 25.)
The Chairman shaking hands with the Commander of ROK-US Combined Forces Command, UN Command, and USFK (U.S. Army General).

네팔 대사와 함께한 총재 예하(2017. 9. 20.)
The Chairman with the Nepalese Ambassador.

네팔 대사와 악수를 나누고 있는 총재 예하(2017. 8. 22.)
The Chairman shaking hands with the Nepalese Ambassador.

튀니지 대사와 악수를 나누고 있는 총재 예하(2017. 5. 23.)
The Chairman shaking hands with the Tunisian Ambassador.

멕시코 국방무관(장군)과 악수를 나누고 있는 총재 예하(2017. 5. 15.)
The Chairman shaking hands with the Mexican Defense Attaché (General).

WTO 사무차장과 악수를 나누고 있는 총재 예하(2016. 11. 30.)
The Chairman shaking hands with the WTO Deputy Director-General.

30년 이상 국제 민간외교 활동
Over 30 years of international civilian diplomatic activities

이스라엘 산업, 통상, 노동부 장관과 함께한 총재 예하(2010. 6. 10.)
The chairman with the Israeli Minister of Industry, Trade, and Labor.

터키 대통령 핵심 수행원, 터키 대통령 수석 고문과 함께한 총재 예하(2010. 6. 15.)
The chairman with the Chief Advisor to the President of the Republic of Turkey.

파라과이 건설교통부 장관과 함께한 총재(2010. 6. 24.)
The chairman with the Paraguayan Minister of Construction and Transportation.

멕시코 외교부장관과 함께한 총재 예하(2010. 7. 7.)
The chairman with the Foreign Minister of Mexico.

라오스 재정부장관과 함께한 총재 예하(2010. 7. 12.)
The chairman with the Laotian Minister of Finance.

방글라데시 재정부장관과 함께한 총재 예하(2010. 7. 13.)
The chairman with the Bangladeshi Minister of Finance.

IMF 조사부 경제고문과 함께한 총재 예하(2010. 7. 13.)
The chairman with the Economic Counsellor and Director of the Research Department of the IMF.

방글라데시 중앙은행 총재와 함께한 총재 예하(2010. 7. 13.)
The chairman with the Governor of the Central Bank of Bangladesh.

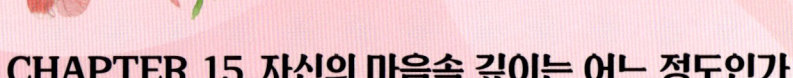

CHAPTER 15. 자신의 마음속 깊이는 어느 정도인가

| 지혜를 나누는 글

우리의 삶에서 자신의 마음속 깊이는 어느 정도일까요?

우리가 살아가는 동안 자신의 마음이 우물이라고 생각하고 작은 돌멩이 하나를 던져보면서 자신의 깊이를 생각해 보는 시간을 가져보았으면 하는 마음입니다. 그 작은 돌멩이 하나가 자신의 우물 속에 닿는 데 걸리는 시간을 조용히 그리면서 그 시간을 세어보기 바랍니다. 그 시간은 자기 삶의 시간이 될 것이며, 그 소리를 통해서 자신이 삶의 시간과 마음속 우물의 깊이와 양을 알 수 있는 것입니다.

자신의 마음속 깊이는 다른 사람이 던지는 말을 통해 알 수 있듯이, 자신의 마음이 깊다면 그 말이 자신에게 들어오는 데 시간이 오래 걸리게 될 것입니다. 그리고 깊은 메아리와 삶을 살아가는 데 여운이 남아 있을 것입니다.

우리가 삶을 살아가면서 누군가의 말 한마디에 흥분하고 방향을 잃고 흔들린다면 아직도 자기 마음의 우물 깊이가 얕기 때문이라고 생각합니다. 만약 이 글을 읽으면서 자신이 그런 경험이 있다면 다시 뒤돌아 반성을 해야 할 것입니다. 그렇게 된다면 자신의 마음이 깊고 풍성하게 되어 마음 또한 가볍고 행복하게 될 것이며, 새로운 마음의 다짐으로 인하여 마음의 우물가에는 많은 사람들이 자신에게 모이게 될 것이고, 자신의 갈증도 해소되며, 새로운 기운을 얻을 것이라고 말하고자 합니다. 혹시라도 자신을 비난하고 경멸하는 말에 자신의 우물은 어떻게 반응할까요? 한 번쯤 생각해 보고 자기 마음의 우물은 얼마만큼 깊고 넓을까도 뒤돌아보는 시간을 가져보기를 바라는 마음입니다.

30년 이상 국제 민간외교 활동
Over 30 years of international civilian diplomatic activities

OECD 사무차장과 악수를 나누고 있는 총재 예하(2016. 10. 20.)
The Chairman shaking hands with the OECD Deputy Secretary-General.

코스타리카 대통령 내외와 함께한 총재 예하(2016. 10. 14.)
The Chairman with the President of Costa Rica and his spouse.

베트남 여성기업협회 회장과 함께한 총재 예하(2009. 9. 18.)
The chairman with the President of the Vietnam Women Entrepreneurs Council and Head of the Vietnamese Business Delegation.

주한 미 상공회의소 회장과 악수를 나누고 있는 총재 예하(2016. 9. 22.)
The Chairman shaking hands with the Chairman of the American Chamber of Commerce in Korea.

브라질 대사와 악수를 나누고 있는 총재 예하(2016. 9. 9.)
The Chairman shaking hands with the Brazilian Ambassador.

좌로부터 말레이시아 대사, 볼리비아 대사와 함께한 총재 예하(2016. 5. 22.)
From left: Malaysian Ambassador, Bolivian Ambassador, and The Chairman.

독일 연방 상원의장과 악수를 나누고 있는 총재 예하(2016. 4. 27.)
The Chairman shaking hands with the President of the German Federal Council.

싱가포르 대사에게 한글 성명을 전달하고 있는 총재 예하(2016. 3. 28.)
The Chairman delivering a Korean statement to the Singaporean Ambassador.

30년 이상 국제 민간외교 활동
Over 30 years of international civilian diplomatic activities

베니스위원회 위원장과 악수를 나누고 있는 총재 예하(2014. 9. 30.)
The chairman shaking hands with the President of the Venice Committee.

잠비아 대법관과 악수를 나누고 있는 총재 예하(2014. 9. 30.)
The chairman shaking hands with a justice of the Supreme Court of Zambia.

쿠웨이트 대법원 부원장 겸 대법관과 함께한 총재 예하(2014. 9. 30.)
The chairman with the Vice-Chancellor of the Supreme Court and a justice of the Supreme Court of Kuwait.

탄자니아 대법원장과 악수를 나누고 있는 총재 예하(2014. 9. 30.)
The chairman shaking hands with the Chief Justice of the Supreme Court of Tanzania.

나미비아 대법원장과 악수를 나누고 있는 총재 예하(2014. 9. 30.)
The chairman shaking hands with the Chief Justice of the Supreme Court of Namibia.

코트디브아르 대통령 고문과 악수를 나누고 있는 총재 예하(2014. 9. 30.)
The chairman shaking hands with the advisor to the President of Côte d'Ivoire.

미국 LA 시장과 악수를 나누고 있는 총재 예하(2014. 11. 25.)
The chairman shaking hands with the Mayor of L.A. in the U.S.

홍콩 행정수반 내외와 함께한 총재 예하(2014. 11. 27.)
The chairman shaking hands with the Chief Executive of the Hong Kong Administration.

30년 이상 국제 민간외교 활동
Over 30 years of international civilian diplomatic activities

중국 전국인민대표대회 상무위원 겸 중국 전국인민대표대회의 금융경제위원회 부위원장과 함께한 총재 예하(2010. 7. 13.)
The chairman with the Deputy Commissioner of the Financial and Economic Committee of the National People's Congress of China.

캄보디아 중앙은행 총재와 함께한 총재 예하(2010. 7. 13.)
The chairman with the governor of the National Bank of Cambodia.

IMF 부총재와 함께한 총재 예하(2010. 7. 13.)
The chairman with the Deputy Managing Director of the IMF.

태국 재정부장관과 함께한 총재 예하(2010. 7. 13.)
The chairman with the Finance Minister of Thailand.

말레이시아 국제통상산업부 장관과 함께한 총재 예하(2010. 7. 21.)
The chairman with the Malaysian Minister of International Trade and Industry.

나이지리아 외교부장관과 함께한 총재 예하(2010. 8. 24.)
The chairman with the Nigerian Minister of Foreign Affairs.

러시아 시베리아 연방대학 부총장과 함께한 총재 예하(2010. 10. 13.)
The chairman with the Vice-Rector of the Siberian Federal University of Russia.

스리랑카 중앙은행 부총재와 함께한 총재 예하(2010. 7. 13.)
The chairman with the Deputy Governor of the Central Bank of Sri Lanka.

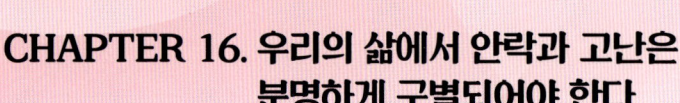

CHAPTER 16. 우리의 삶에서 안락과 고난은 분명하게 구별되어야 한다

| 지혜를 나누는 글

우리의 삶에서 안락과 고난은
분명하게 구별되어야 할 것입니다.

우리가 삶을 살아가면서 안락과 고난의 의미를 명확하게 깨달아야 삶의 가치를 알 수 있을 것입니다. 우리가 담아 먹을 수 있는 사기그릇이 만들어지기까지는 수천 도의 뜨거운 가마 속에서 오랜 시간 높은 온도로 구워내야 단단하고 아름다운 제대로 된 그릇이 나오는 것이 현실입니다. 그래서 우리가 음식을 담아 먹을 수 있는 도자기도 그릇보다 더 강한 열로 구워내기에 빛깔이 오래 가는 것이며, 결코 빛을 잃어 바래는 일이 없는 것입니다.

이와 마찬가지로 인간의 삶도 시련과 아픔에 단련된 사람의 인격은 영원히 변하지 않는다는 것이 삶의 이치가 아닐까 생각합니다. 안락을 추구하는 인간은 악마로 만들게 되는 것이고, 시련과 고난을 겪어온 사람은 강한 의지를 갖도록 만드는 것입니다.

이토록 안락만 추구하는 사람은 의지가 없는 것이며, 고난을 이겨내는 사람은 의지가 강하게 되는 이유가 되는 것입니다. 우리는 삶에서 어떤 경우라도 안락을 추구하는 것은 미래의 꿈을 가질 수 없다는 것을 깨달아야 할 것입니다.

30년 이상 국제 민간외교 활동
Over 30 years of international civilian diplomatic activities

에티오피아 과학기술부 장관과 함께한 총재 예하(2010. 9. 15.)
The chairman with the Minister of Science and Technology of Ethiopia.

가봉 광산석유부 장관과 함께한 총재 예하(2010. 9. 15.)
The chairman with the Minister of Mining and Petroleum of Gabon.

아프리카 개발은행 총재와 함께한 총재 예하(2010. 9. 15.)
The chairman with the Managing Director of the African Development Bank.

짐바브웨 광업부장관과 함께한 총재 예하(2010. 9. 15.)
The chairman with the Minister of Mines and Mining Development of Zimbabwe.

콩고 에너지부 장관과 함께한 총재 예하(2010. 9. 15.)
The chairman with the Energy Minister of Congo.

아프리카 교육개발협의회(ADEA) 사무총장과 함께한 총재 예하(2010. 9. 15.)
The chairman with the Director General of the Association for the Development of Education in Africa.

에티오피아 전력부장관과 함께한 총재 예하(2010. 9. 15.)
The chairman with the Minister of Electric Energy of Ethiopia.

말라위 재무부장관과 함께한 총재 예하(2010. 9. 15.)
The chairman with the Finance Minister of Malawi.

30년 이상 국제 민간외교 활동
Over 30 years of international civilian diplomatic activities

러시아 경제대학 부총장과 함께한 총재 예하(2010. 10. 13.)
The chairman with the Deputy Rector of the Russian Economic School.

러시아 공기업 로스테크놀로지 수석 부사장과 함께한 총재 예하 (2010. 10. 13.)
The chairman with the First Deputy Director of Rostec of Russia.

CNN 앵커와 함께한 총재 예하(2010. 7. 13.)
The chairman with the anchorman and correspondent of CNN.

미 태평양 해병대 사령관과 함께한 총재 예하(2010. 11. 13.)
The chairman with the Commander of U.S. Marine Corps Forces Pacific.

인도네시아 경제조정부 장관과 함께한 총재 예하(2011. 2. 17.)
The chairman with the Indonesian Presidential Envoy and Coordinating Minister for Economic Affairs.

주한 미8군 사령관과 악수를 나누고 있는 총재 예하(2010. 11. 30.)
The chairman shaking hands with the U.S. 8th Army Commander.

카메룬 교통부장관과 함께한 총재 예하(2010. 9. 15.)
The chairman with the Minister of Transportation of Cameroon.

모리셔스 정보통신기술부 장관과 함께한 총재 예하(2010. 9. 15.)
The chairman with the Minister of Information, Communication, and Technology of Mauritius.

30년 이상 국제 민간외교 활동
Over 30 years of international civilian diplomatic activities

미국 상무부장관과 악수를 나누고 있는 총재 예하(2011. 4. 28.)
The chairman shaking hands with the U.S. Secretary of Commerce.

미국 연방 하원의원과 악수를 나누고 있는 총재 예하(2011. 4. 28.)
The chairman shaking hands with the U.S. Congressman.

미국 연방 하원의원과 서로 함께 손을 잡고 있는 총재(2011. 4. 28.)
The chairman shaking hands with the U.S. Congressman.

주한 미국 상공회의소 회장과 악수를 나누고 있는 총재(2011.04.28.)
The chairman shaking hands with the AMCHAM President in Korea.

케냐 농업부장관과 함께한 총재 예하(2010. 9. 15.)
The chairman with the Minister of Agriculture of Kenya.

온두라스 대사에게 한글 성명을 전달하고 있는 총재 예하(2015. 10. 22.)
The Chairman delivering a Korean statement to the Honduran Ambassador.

미국 버지니아 주지사와 악수를 나누고 있는 총재 예하(2011. 5. 15.)
The chairman shaking hands with the U.S. Governor of Virginia.

좌로부터 총재 예하, 엘살바도르 공공건설부 장관, 엘살바도르 대사(2011. 5. 18.)
(From left) Chairman, Minister of Public Construction Works of El Salvador, El Salvador Ambassador.

CHAPTER 17. 삶에서 안락은 악마를 만들고 고난은 사람을 만든다

| 지혜를 나누는 글

**우리의 삶에서 안락은 악마를 만들 것이고
고난은 사람을 만들게 될 것입니다.**

요즘 사회를 보면 재벌 2세들의 행동이 사회적으로 주목을 받는 모습을 보고 안락이라는 것은 결국에는 인간의 존엄성을 파괴하게 만든다는 것을 깨닫게 될 것입니다. 흙으로 빚어 뜨거운 가마 속에서 구워낸 도자기는 결코 빛이 바래는 일이 없을 것이며, 이와 마찬가지로 삶이 고난의 아픔에 단련된 사람의 인격은 영원히 변하지 않는다는 것을 의미하고 있다는 것을 잊지 말아야 할 것입니다. 그래서 사람에게 주어진 안락은 악마를 만들게 되는 것이고, 갖은 고난으로 단련된 사람은 바른길을 걸어갈 수 있도록 만드는 법이라는 것을 우리는 삶에서 기억해야 하는 것입니다.

우리가 존재하는 세상엔 반드시 사람의 성품이라 하는 것은 편안함과 조용함을 통해서는 절대로 계발될 수 없을 것이며, 오로지 자신의 삶에서 얻어지는 시련과 고난으로 느끼면서 살아있는 경험을 통해서만 사람은 강해질 것이며, 미래의 비전이 더욱 분명하게 되어 자신이 목표한 것을 이루어질 수 있다는 교훈을 우리는 반드시 삶의 지침서로 삼아야 할 것입니다.

그렇습니다. 무딘 쇠도 불에 달구어야 더욱 강해지고 용도에 맞게 변형이 되는 것이며, 추운 겨울을 이겨내고 시간을 보낸 나무들이 더 아름다운 꽃을 피우듯이 사람의 안락은 교만과 나태와 이기심을 불러오게 될 것입니다.

30년 이상 국제 민간외교 활동
Over 30 years of international civilian diplomatic activities

도하 은행장과 함께한 총재 예하(2008. 11. 14.)
The chairman with the Chief Executive Officer of Doha Bank Group in Qatar.

앙골라 대사에게 한글 성명과 전통 민화를 전달하고 있는 총재 예하 (2015. 6. 2.)
The Chairman delivering a Korean statement and traditional folk painting to the Angolan Ambassador.

요르단 장군과 악수를 나누고 있는 총재 예하(2015. 5. 29.)
The Chairman shaking hands with the Jordanian General.

미국 대사와 함께한 총재 예하(2008. 10. 13.)
The chairman with the U.S. Ambassador to Korea.

우로부터 전경련 회장, 한국무역협회장, 대한상공회의소장 등 대한민국 경제 3단체장과 함께한 총재 예하(2007. 1. 4.)
(From right) President of the Federation of Korean Industries, President of the Korean Industries and Trade Association, Head of the Korea Chamber of Commerce and Industry, Heads of the Three Korean Industry Groups.

가나 외교부장관과 함께한 총재 예하(2006. 11. 8.)
The chairman with the Ghanaian Minister of Foreign Affairs.

주한 미국 대사와 함께한 총재 예하(2006. 8. 9.)
The chairman with the U.S. Ambassador to Korea.

주한 러시아 대사와 함께한 총재 예하(2005. 10. 21.)
The chairman with the Russian Ambassador to Korea.

30년 이상 국제 민간외교 활동
Over 30 years of international civilian diplomatic activities

러시아 연방 상원의원과 함께한 총재 예하(2010. 5. 13.)
The chairman with a senator from the Russian Federation.

前 미국 국무부차관과 함께한 총재 예하(2010. 5. 13.)
The chairman with the former State Department Counselor and Policy Coordinator on North Korea, U.S.

남아공 에너지장관과 함께한 총재 예하(2010. 5. 17.)
The chairman with the South African Minister of Energy.

前 세계은행 부총재와 함께한 총재 예하(2010. 5. 18.)
The chairman with the former Vice Chairman of the World Bank.

에콰도르 통신부장관과 함께한 총재 예하(2010. 5. 26.)
The chairman with the Ecuador Minister of Telecommunications.

파나마 주택부장관과 함께한 총재 예하(2010. 5. 26.)
The chairman with the Panamanian Minister of Housing.

볼리비아 계획개발부 장관과 함께한 총재 예하(2010. 5. 26.)
The chairman with the Bolivian Minister of Planning and Development, Plurinational State of Bolivia.

파라과이 상공부장관과 함께한 총재 예하(2010. 5. 26.)
The chairman with the Paraguayan Minister of Commerce and Industry.

30년 이상 국제 민간외교 활동
Over 30 years of international civilian diplomatic activities

파라과이 외교부장관과 함께한 총재 예하(2010. 1. 22.)
The chairman with the Paraguayan Minister of Foreign Affairs.

콩고민주 공화국 외교부장관과 함께한 총재 예하(2010. 3. 29.)
The chairman with the Congolese Minister of Foreign Affairs.

콩고민주 공화국 보건부장관과 함께한 총재 예하(2010. 3. 29.)
The chairman with the Congolese Minister of Public Health.

콩고민주 공화국 도시개발부 장관과 함께한 총재 예하(2010. 3. 29.)
The chairman with the Congolese Minister of Urbanism and Housing.

몰디브 공화국 교통통신부 장관과 함께한 총재 예하(2010. 5. 7.)
The chairman with the Maldives Minister of Civil Aviation and Communication.

前 대한민국 축구감독과 함께한 총재 예하(2010. 4. 29.)
The chairman with the former head coach of the South Korean national football team.

아랍에미레이트 경제부장관과 함께한 총재 예하(2010. 5. 12.)
The chairman with the U.A.E. Minister of Economy.

스리랑카 대법관과 함께한 총재 예하(2010. 5. 12.)
The chairman with a justice of the Sri Lankan Supreme Court.

CHAPTER 18. 삶은 깨끗한 소망만이 이루어진다

| 지혜를 나누는 글

우리의 삶은
깨끗한 소망만이 이루어질 것입니다.

우리가 삶을 살면서 아무리 철저한 준비와 완벽한 계획으로 누구보다도 강력한 소망이라도 사리사욕을 가지고 시작되었다면 한순간 그 소망이 이루어졌다고 생각할지 몰라도 오랜 시간 유지되는 것은 어렵다는 것을 깨달아야 할 것입니다.

우리가 태어나서 세상을 살아가는 동안 자연의 이치를 거스르는 그 어떤 작은 소망이라 할지라도 소망이 강할수록 지금 우리가 살아가는 현대사회와 마찰을 일으키게 될 것이고, 결국에는 큰 실패로 이어진다는 사실을 잊지 말아야 할 것입니다. 우리가 계획하고 추진하는 모든 것들을 성공적으로 지속시키기 위해서는 자신의 마음에 품은 소망과 정열을 최대한 깨끗이 해야만 하늘도 돕고 오래도록 지속될 수 있다는 것을 명심해야 할 것입니다.

부처님의 지혜로 가득한 불교 경전에서는 인생을 "마음에 품은 생각대로 펼쳐진다"라는 말씀을 남겨두셨습니다. 인간의 아무리 간절한 소망도, 계획도 자신의 노력이 따르지 않으면 어떤 것도 결코 이룰 수 없다는 강한 메시지를 우리에게 전달하고 있다는 것을 말해주고 있습니다. 그리고 반대로 아주 순수한 소망이라도, 중간에 포기하지 않고 누구에게도 지지 않으려는 노력을 지속하다 보면 어느 순간에 현실이 되어 우리 곁으로 자연스럽게 나타날 수 있다는 사실을 기억해야 할 것입니다.

30년 이상 국제 민간외교 활동
Over 30 years of international civilian diplomatic activities

콜롬비아 부통령과 악수를 나누고 있는 총재 예하(2012. 5. 15.)
The chairman shaking hands with the Vice President of Colombia.

스리랑카 법무부장관과 함께한 총재 예하(2012. 6. 27.)
The chairman with the Sri Lankan Minister of Justice.

캄보디아 법무부장관과 악수를 나누고 있는 총재 예하(2012. 6. 27.)
The chairman shaking hands with the Cambodian Minister of Justice.

우크라이나 법무부장관과 함께한 총재 예하(2012. 6. 27.)
The chairman with the Ukrainian Minister of Justice.

방글라데시 법무부장관과 악수를 나누고 있는 총재 예하(2012. 6. 27.)
The chairman shakes hands with the Bangladeshi Minister of Justice.

미국 상공회의소 회장과 악수를 나누고 있는 총재 예하(2012. 7. 16.)
The chairman shaking hands with the President of the U.S. Chamber of Commerce.

트리니다드 토바고 통상, 산업, 투자부 장관과 함께한 총재 예하(2012. 7. 31.)
The chairman with the Minister of Trade, Industry, and Investment of Trinidad and Tobago.

세인트 루시아 외교부장관과 악수를 나누고 있는 총재 예하(2012. 7. 31.)
The chairman shaking hands with the Minister of Foreign Affairs of Saint Lucia.

30년 이상 국제 민간외교 활동
Over 30 years of international civilian diplomatic activities

바레인 왕세자 공식 방한 경축. 바레인 왕국 최고 부사령관(육군 소장)과 악수를 나누고 있는 총재 예하(2012. 5. 2.)
Congratulations on the official visit of the Prince of Bahrain to Korea. The chairman shaking hands with the Deputy Supreme Commander of the Kingdom of Bahrain.

유엔 중남미 경제위원회 사무총장과 함께한 총재 예하(2012. 5. 15.)
The chairman with the Secretary-General of UN ECLAC.

영국 국방무관(장군)과 함께한 총재 예하(2012. 6. 13.)
The chairman with the Defence Attaché of Britain.

중국 법무차관과 함께한 총재 예하(2012. 6. 27.)
The chairman with the Chinese Vice Minister of the Legislative Affairs Office, State Council, P.R.C.

가이아나 관광, 산업, 상업부 장관과 함께한 총재 예하(2012. 7. 31.)
The chairman with the Minister of Trade, Industry, and Tourism of Guyana.

세인트 빈센트 그레나딘 외교부장관과 악수를 나누고 있는 총재 예하(2012. 7. 31.)
The chairman shaking hands with the Minister of Foreign Affairs of Saint Vincent and the Grenadines.

벨리즈 외교부장관과 함께한 총재 예하(2012. 7. 31.)
The chairman with the Minister of Foreign Affairs of Belize.

코트 디 부아르 환경지속발전부 장관과 함께한 총재 예하(2012. 8. 8.)
The chairman with the Minister of Environment and Sustainable Development of Côte d'Ivoire.

30년 이상 국제 민간외교 활동
Over 30 years of international civilian diplomatic activities

파라과이 검찰부총장에게 선물을 증정하고 있는 총재 예하(2011. 6. 30.)
The chairman presenting a gift to the Deputy Attorney General of Paraguay.

보츠와나 검찰총장과 악수를 나누고 있는 총재 예하(2011. 6. 30.)
The chairman shaking hands with the Director of Public Prosecutions of Botswana.

요르단 검찰총장과 악수를 나누고 있는 총재 예하(2011. 7. 6.)
The chairman shaking hands with the Attorney General of Jordan.

UN 사무차장과 악수를 나누고 있는 총재 예하(2011. 7. 12.)
The chairman shaking hands with the U.N. Under-Secretary-General.

세계태권도연맹 총재와 악수를 나누고 있는 총재 예하(2005. 10. 21.)
The chairman shaking hands with the President of the World Taekwondo Federation.

스리랑카 노동부장관과 악수를 나누고 있는 총재 예하(2011. 9. 4.)
The chairman shaking hands with the Labor Minister of Sri Lanka.

주한 미 해병대 사령관과 악수를 나누고 있는 총재 예하(2011. 11. 18.)
The chairman shaking hands with the Commander of U.S. Marine Corps Forces Korea.

2010년 노벨경제학상 수상자와 함께한 총재 예하(2012. 2. 23.)
The chairman with the 2010 Nobel Prize Laureate in Economics.

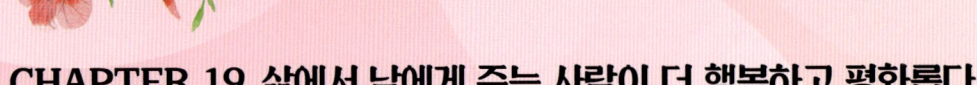

CHAPTER 19. 삶에서 남에게 주는 사람이 더 행복하고 평화롭다

| 지혜를 나누는 글

**인간의 삶에서 남에게 주는 사람이 더 행복하고
더 평화로울 것입니다.**

인류가 탄생한 이후로 지식과 언어를 사용하는 생명체라 할 수 있는 세상의 모든 인간은 남에게 무언가를 내주도록 구조화되고 지능화되어 있다는 사실을 우리는 깨달아야 할 것입니다. 이것이 바로 우리 인간의 정체성이며, 받는 것보다 주는 자가 더 행복하고, 더 큰 평화를 발견하게 된다는 자연의 이치일 것입니다.

세상은 받고자 하는 사람보다 주는 사람들이 많이 있어서 좋은 일이 생긴다는 순리의 원칙과 주는 것을 받는 사람의 기쁨이 세상을 밝게 하는 행동이라는 것을, 인간의 도리를 지키는 것임을 잊지 말아야 할 것입니다. 그 이유는 무엇인가를 주는 자는 자신을 초월하는 목적을 가지고 나눔을 실천하고 있기에 지금의 삶이 더 행복하고, 예전보다 더 큰 성취감을 느끼게 된다는 사실을 알아야 할 것입니다.

그래서 나눔이라는 것은 큰 것보다도 작은 것이 중요하고, 나눔을 실천하는 사람들은 타인에게 주는 것은 곧 자신에게 주는 선물이라고 생각하고 있기 때문입니다. 이런 이유로 타인을 기쁘게 해주면 자신은 더 큰 기쁨을 얻을 수 있다는 단순한 진리이며, 그로 인하여 얻어지는 행복은 삶에서 몇 배나 증가하게 될 것입니다. 우리는 삶에서 일어나는 여러 가지 일 중에서 평소에 뭔가를 내주고 도와주고 하는 데 익숙한 사람은 더 큰 행운을 얻을 가능성이 주는 것에 비례해서 더 커진다는 연구 결과도 있듯이 우리는 다른 사람에게 내어주는 것이 결국 자신에게 남기게 되는 진정한 유산이 된다는 것을 명심해야 할 것입니다.

30년 이상 국제 민간외교 활동
Over 30 years of international civilian diplomatic activities

수리남 운송, 통신, 관광부 장관과 악수를 나누고 있는 총재 예하(2013. 10. 15.)
The chairman shaking hands with the Minister of Transport, Communication, and Tourism of Suriname.

코스타리카 과학기술통신부 장관과 악수를 나누고 있는 총재 예하(2013. 10. 15.)
The chairman shaking hands with the Costa Rican Minister of Science, Technology, and Telecommunications.

자메이카 정보통신부 장관과 악수를 나누고 있는 총재 예하(2013. 10. 15.)
The chairman shaking hands with the Minister of Science, Technology, and Energy of Jamaica.

미국 캘리포니아 부지사와 악수를 나누고 있는 총재 예하(2012. 3. 20.)
The chairman shaking hands with the Lieutenant Governor of California, U.S.

파라과이 대사에게 감사패를 수여하고 있는 총재 예하(2010. 6. 26.)
The chairman presenting an appreciation tablet to Paraguayan Ambassador.

벨리즈 정보통신과학부 장관과 악수를 나누고 있는 총재 예하(2013. 10. 15.)
The chairman shaking hands with the Minister of Energy, Science, and Technology of Belize.

코트 디 부아르 축산어업자원부 장관과 악수를 나누고 있는 총재 예하(2012. 8. 8.)
The chairman shaking hands with the Minister of Animal Resources of Côte d'Ivoire.

온두라스 건설교통부 장관과 악수를 나누고 있는 총재 예하(2011. 5. 18.)
The chairman shaking hands with the Minister of Construction and Transportation of Honduras.

30년 이상 국제 민간외교 활동
Over 30 years of international civilian diplomatic activities

이스라엘 대통령 초청 오찬에 함께한 총재 예하(2010. 6. 10.)
The chairman at a luncheon in honor of H.E. Shimon Peres, President of Israel.

1998년 노벨경제학상 수상자와 함께한 총재 예하(2010. 9. 29.)
The chairman with the 1998 Nobel Prize Laureate in Economics.

노벨경제학상(2001) 수상자와 함께한 총재 예하(2010. 7. 13.)
The chairman with the 2001 Nobel Prize Laureate in Economics.

우루과이 부통령 겸 상원의장과 악수를 나누고 있는 총재 예하(2010. 11. 23.)
The chairman shaking hands with the Uruguayan Vice President and Speaker of the Senate.

말리 재정경제부 장관과 함께한 총재 예하(2010. 9. 16.)
The chairman with the Minister of Finance and Economy of Mali.

부룬디 재정부장관과 함께한 총재 예하(2010. 9. 16.)
The chairman with the Finance Minister of Burundi.

중미통합체제(SICA) 사무총장과 함께한 총재 예하(2010. 9. 29.)
The chairman with the Secretary General of the Central American Integration System.

러시아 대통령 경제보좌관과 함께한 총재 예하(2010. 10. 13.)
The chairman with the Economic Aide to the Russian President.

30년 이상 국제 민간외교 활동
Over 30 years of international civilian diplomatic activities

코스타리카 국회의장 내외와 함께한 총재 예하(2009. 10. 12.)
The chairman with the Speaker of Costa Rica and his wife.

코스타리카 부통령과 악수를 나누고 있는 총재 예하(2011. 5. 18.)
The chairman shaking hands with the Costa Rican Vice President.

이라크 부총리와 악수를 나누고 있는 총재 예하(2011. 4. 28.)
The chairman shaking hands with the Deputy Prime Minister of Iraq.

세이셸 투자, 천연자원, 산업부장관과 함께한 총재 예하(2010. 9. 16.)
The chairman with the Minister of Investment, Natural Resources, and Industry of Seychelles.

불가리아 대통령 초청 오찬에 함께한 총재 예하(2009. 10. 27.)
The chairman at the luncheon in honor of the President of Bulgaria.

헝가리 대통령 초청 오찬에 함께한 총재 예하(2009. 12. 1.)
The chairman at the luncheon in honor of the President of Hungary.

스리랑카 총리와 함께한 총재 예하(2010. 1. 6.)
The chairman with the Prime Minister of Sri Lanka.

독일 대통령 초청 오찬에 함께한 총재 예하(2010. 2. 9.)
The chairman at the luncheon in honor of the President of Germany.

CHAPTER 20. 인간의 말에는 마법 같은 엄청난 힘이 존재한다

| 지혜를 나누는 글

**인간의 말에는 마법 같은
엄청난 힘이 존재하고 있습니다.**

인간이 세상에 살아가면서 자신도 모르게 무심코 내뱉는 말에는 마법 같은 엄청난 힘이 존재하여 말한 대로 이루게 되어 있다는 사실을 깨달아야 할 것입니다. 이토록 인간의 말에는 우리가 삶에서 느끼지 못하는 마법 같은 신비한 힘이 존재하고 있어, 함부로 부정적인 말을 하는 것보다 삶에서 긍정적인 말을 하게 되면 분명하게 이루어진다는 사실입니다.

우리가 삶에서 혼자서 하는 말은 머릿속에서 나와 우리 몸의 세포 속으로 스며들어 우리의 몸과 마음을 움직인다는 사실입니다. 예를 들어 '안 된다', '싫다', '못하겠다' 같은 부정적인 말은 우리의 삶에서 불만과 불평을 부르게 되어 결국에는 말대로 인생에서 되는 일이 없어지게 되고, 이와 반대로 긍정적인 생각과 행동으로 옮기면서 말도 '가능하다', '좋아, 해볼 거야' 같은 긍정적인 말은 행복과 행운을 가져오게 된다는 사실에 주목해야 할 것입니다.

요즘처럼 우리가 무심코 주고받는 내면의 대화가 우리의 인생을 바꿀 수 있다는 것을 의미하는 것입니다. 이와 같은 내용을 증명이라도 하듯 세계의 유명한 심리학자들이 실제로 부정적인 단어를 많이 쓰면 불행해지고, 긍정적인 단어를 많이 쓰면 더 행복하고 오래 산다는 연구 결과를 많이 발표하고 있습니다. 지금이라도 자신의 운명을 바꾸고 싶다면 지금 살아가는 일상에서 가장 값어치 있는 말을 매일 사용하는 습관을 길러보는 것은 어떠한지요? 우리의 인생이 한 문장의 변화한 단어로 바꿀 수 있다는 것을 먼저 실행에 옮겨 보시기 바랍니다. 우리의 인생이 하루가 바뀌면 일주일이 바뀌고, 일주일이 바뀌면 한 달이 바뀔 것이며, 한 달이 바뀌면 일 년이 바뀌게 되고, 일 년이 바뀌면 10년이 바뀐다는 사실을 잊지 말아야 할 것입니다.

30년 이상 국제 민간외교 활동
Over 30 years of international civilian diplomatic activities

콩고민주 공화국 대통령 초청 오찬에 함께한 총재 예하(2010. 3. 29.)
The chairman at the luncheon in honor of the President of Congo.

파라과이 교육문화부 장관과 함께한 총재 예하(2009. 11. 9.)
The chairman with the Minister of Education and Culture of Paraguay.

코스타리카 국가기획부 장관과 함께한 총재 예하(2010. 11. 9.)
The chairman with the Minister of the State Planning Board of Costa Rica.

페루 환경부장관과 함께한 총재 예하(2010. 11. 9.)
The chairman with the Minister of Environment of Peru.

콜롬비아 에너지광업부 장관과 함께한 총재 예하(2010. 11. 9.)
The chairman with the Minister of Energy and Industry of Colombia.

코스타리카 경제부장관과 함께한 총재 예하(2010. 11. 9.)
The chairman with the Minister of Economy of Costa Rica.

에디오피아 외교부장관과 함께한 총재 예하(2009. 11. 24.)
The chairman with the Minister of Foreign Affairs of Ethiopia.

차드 공화국 외교부장관과 함께한 총재 예하(2009. 11. 24.)
The chairman with the Minister of Foreign Affairs of Chad.

30년 이상 국제 민간외교 활동
Over 30 years of international civilian diplomatic activities

UN ESCAP(유엔 아시아태평양 경제사회위원회 동북아사무소) 대표와 악수를 나누고 있는 총재 예하(2016. 2. 15.)
The chairman shaking hands with the representative of UN ESCAP.

파라과이 하원의원, 부통령 보좌관, 총재 예하, 부통령 부인 겸 하원의원, 파라과이 하원의원, 본 협회 단증 수여(2010. 10. 14.)
The chairman (Center) awarding Dan certificate of WHA to Paraguayan Congressman, aide of Paraguayan Vice President, Paraguayan Congressman.

유엔군, 주한미군, 한미연합사 사령관(미 육군 대장)과 악수를 나누고 있는 총재 예하(2015. 7. 21.)
The chairman shaking hands with the U.N. Command, ROK-U.S. Combined Forces Command, and U.S. Command in Korea.

미국 대사와 함께한 총재 예하(2015. 12. 12.)
The chairman with the U.S. Ambassador.

태국 체육관광부 장관과 악수를 나누고 있는 총재 예하(2016. 3. 24.)
The chairman shaking hands with the Thai Minister of Sports and Tourism.

주한 미국상공회의소 회장과 악수를 나누고 있는 총재 예하(2016. 1. 6.)
The chairman shaking hands with the head of the U.S. Chamber of Commerce in Korea.

태국 교통부장관과 악수를 나누고 있는 총재 예하(2016. 3. 24.)
The chairman shaking hands with the Thai Minister of Transportation.

태국 경제부총리와 악수를 나누고 있는 총재 예하(2016. 3. 24.)
The chairman shaking hands with the Thai Deputy Prime Minister for Economy.

30년 이상 국제 민간외교 활동
Over 30 years of international civilian diplomatic activities

도미니카 외교부장관과 악수를 나누고 있는 총재 예하(2015. 10. 20.)
The chairman shaking hands with the Foreign Minister of the Dominican Republic.

바하마 환경주택부 장관과 악수를 나누고 있는 총재 예하(2015. 10. 20.)
The chairman shaking hands with the Minister of Environment and Housing of the Bahamas.

코스타리카 국회의장에게 한국 민화를 증정하는 총재 예하(2009. 10. 12.)
The chairman presenting a Korean traditional folk painting to Speaker of Costa Rica.

앙골라 대사와 악수를 나누고 있는 총재 예하(2015. 10. 10.)
The chairman shaking hands with the Angolan Ambassador.

가이아나 행정, 천연자원, 환경부장관과 악수를 나누고 있는 총재 예하(2015. 10. 20.)
The chairman shaking hands with a representative of the Government of the Co-operative Republic of Guyana.

중국 총리와 악수를 나누고 있는 총재(2015. 11. 1.)
The chairman shaking hands with the Premier of China.

중국 대사와 악수를 나누고 있는 총재 예하(2015. 11. 1.)
The chairman shaking hands with the Chinese Ambassador to Korea.

브라질 대사와 함께한 총재 예하(2008. 9. 9.)
The chairman with Brazil Ambassador.

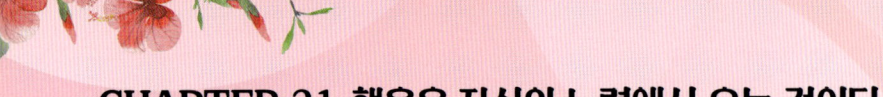

CHAPTER 21. 행운은 자신의 노력에서 오는 것이다

| 지혜를 나누는 글

**우리의 삶에서 오는 행운도
자신의 노력에서 오는 것입니다.**

우리가 삶을 살아가면서 행운을 원한다면 지금보다 더 많은 사람을 만나야 할 것이며, 더 많은 사람을 만나다 보면 귀인을 만날 가능성이 그만큼 높아진다는 것을 깨달아야 할 것입니다. 그리고 지금보다 더 많이 새로운 부분에 새롭게 시도해야 하는 것이, 지금보다 더 많은 행운이 자신에게 올 수 있는 확률을 높여줄 수 있다는 사실을 기억해야 할 것이며, 삶에서도 어떤 일이든지 작게 하는 것보다 많이 시도하는 횟수를 늘리게 된다면 그만큼 성공 확률이 높아진다는 것을 말하는 것입니다.

또한, 틀에 박힌 형식적인 것보다 비전형적인 시도를 더 많이 하는 것이 미래에 발전할 수 있는 것인데, 그 이유는 우리가 삶에서 매일 같이 똑같은 일을 반복하다 보면 우리는 똑같이 실패할 가능성이 비전형적인 것보다 그만큼 더 높아질 수 있다는 것을 깨달아야 할 것입니다. 그래서 삶에서 성공하려면 불필요한 자존심을 버려야 할 것이 바로 부탁일 것입니다. 만약에 자신이 어려움이 있다면 누군가에게 부탁하지 않으면 누구도 당신을 도울 수 없다는 진리를 기억해야 할 것입니다.

삶에서 성공하기 위해서 반드시 우리에게 필요한 조건은 지능, 추진력, 끈질김, 교육과 스킬, 감성 등이 있어야 하는데 일반적으로 사람들은 흔히들 자신에게 오는 행운은 통제할 수 없다고 말을 합니다. 그러나 삶에서 우리는 분명 행운을 받을 수 있는 확률을 높일 수 있다는 것입니다. 즉, 운이 좋아질 방법을 찾아서 열심히 노력하면 된다는 것입니다. 그래서 결국에는 삶에서 우리가 받을 수 있는 행운도 노력이라는 것을 질대 잊어서는 안 될 것입니다.

30년 이상 국제 민간외교 활동
Over 30 years of international civilian diplomatic activities

독일 연방 상원의장과 악수를 나누고 있는 총재(2016. 4. 27.)
The chairman shaking hands with the President of the Senate of Germany.

우즈베키스탄 에너지 산업 이사회 의장과 악수를 나누고 있는 총재 예하(2016. 4. 28.)
The chairman shaking hands with the Chairman of the Uzbekistan Energy and Industry Board.

이라크 외교부 본부 대사와 악수를 나누고 있는 총재 예하(2016. 5. 23.)
The chairman shaking hands with the Ambassador from the Ministry of Foreign Affairs of Iraq.

주한 미8군 사령관과 악수를 나누고 있는 총재 예하(2015. 9. 17.)
The chairman shaking hands with the U.S. 8th Army Commander-in-Chief.

주한 러시아 대사와 함께한 총재 예하(2010. 5. 7.)
The chairman with the Russian Ambassador to Korea.

미국 버지니아주 상무부 장관과 악수를 나누고 있는 총재 예하(2011. 5. 15.)
Chairman of shaking hands with U.S. Secretary of Commerce of Commonwealth of Virginia

미국 버지니아주 농림부장관과 악수를 나누고 있는 총재 예하(2011. 5. 15.)
The chairman shaking hands with the U.S. Secretary of Agriculture and Forestry of the Commonwealth of Virginia.

과테말라 환경부장관과 악수를 나누고 있는 총재 예하(2011. 5. 18.)
The chairman shaking hands with the Minister of Environment of Guatemala.

30년 이상 국제 민간외교 활동
Over 30 years of international civilian diplomatic activities

베트남 국가 부주석과 함께한 총재 예하(2009. 9. 18.)
The chairman with the Vice President of the Socialist Republic of Vietnam.

가봉 부총리와 함께한 총재 예하(2008. 10. 30.)
The chairman with the Vice Prime Minister of Gabon.

니카라과 항만청장과 악수를 나누고 있는 총재 예하(2011. 5. 18.)
The chairman shaking hands with the Director of the Port Authority of Nicaragua.

국빈 방한 라트비아 총리와 함께한 총재 예하(2009. 1. 20.)
The chairman with the Latvian Prime Minister, a national guest.

요르단 대사와 악수를 나누고 있는 총재 예하(2015. 5. 29.)
The Chairman shaking hands with the Jordanian Ambassador.

벨기에 왕세자 초청 오찬에 함께한 총재 예하(2009. 5. 11.)
The chairman with Belgian dignitaries at the welcoming luncheon for the Crown Prince, Duke of Brabant of Belgium.

2003 노벨평화상 수상자와 함께한 총재 예하(2009. 8. 10.)
The chairman with the 2003 Nobel Peace Prize laureate.

1999 노벨경제학상 수상자와 함께한 총재 예하(2008. 10. 30.)
The chairman with the 1999 Nobel Prize laureate in Economics.

30년 이상 국제 민간외교 활동
Over 30 years of international civilian diplomatic activities

유엔군 사령관 & 한미연합사령관 & 주한미군 사령관(미 육군 대장)과 악수를 나누고 있는 총재 예하(2012. 11. 20.)
The chairman shaking hands with the U.N. Command, ROK-U.S. Combined Forces Command, and U.S. Command in Korea.

요르단 대사와 함께한 총재 예하(2014. 12. 2.)
The Chairman with the Jordanian Ambassador.

온두라스 통상산업부 장관과 악수를 나누고 있는 총재 예하(2013. 5. 6.)
The chairman shaking hands with the Minister of State for Industry and Commerce of Honduras.

니카라과 대통령 정무수석(장관급)과 악수를 나누고 있는 총재 예하(2013. 5. 6.)
Chairman shaking The chairman shaking hands with the Minister and Private Secretary for National Policies of the President of Nicaragua.

도미니카 개발정책특임 장관과 악수를 나누고 있는 총재 예하(2013. 5. 6.)
The chairman shaking hands with the Ministro sin Cartera para Asesoría en Políticas de Desarrollo of the Dominican Republic.

2011 노벨화학상 수상자 단 셰흐트먼과 악수를 나누고 있는 총재 예하(2012. 11. 1.)
The chairman shaking hands with Dan Shechtman, Nobel Prize winner in Chemistry, 2011.

2006 노벨화학상 수상자 로저 D. 콘버그와 악수를 나누고 있는 총재 예하(2012. 11. 1.)
The chairman shaking hands with Roger D. Kornberg, Nobel Prize winner in Chemistry, 2006.

1998 노벨생리의학상 수상자 루이스 J. 이그나로와 악수를 나누고 있는 총재 예하(2012. 11. 1.)
The chairman shaking hands with Louis J. Ignarro, Nobel Prize winner in Physiology or Medicine, 1998.

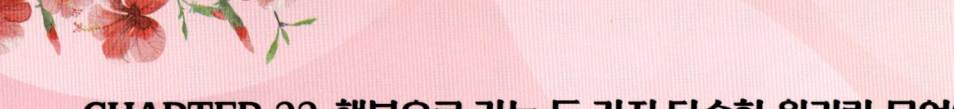

CHAPTER 22. 행복으로 가는 두 가지 단순한 원리란 무엇인가

| 지혜를 나누는 글

**삶을 살아가는 우리는 행복으로 가는
두 가지 단순한 원리를 알아야 합니다.**

　삶을 살아가는 우리가 행복으로 나아가는 길은 단순한 두 가지 원리로 말할 수 있을 것입니다. 그것은 행복을 찾아서 가는 길과 불행을 찾아서 헤매는 길입니다. 행복을 찾기 위해서는 자신에게 가장 재미있고 흥미를 불러일으키는 것이 무엇이고, 그로 인하여 자신이 삶에서 가장 잘해낼 수 있는 것이 과연 나에게 무엇인가를 파악하고, 그것을 알아내서 장점을 살려서 그것이 무엇이든지 자신의 모든 정신, 에너지, 야망, 타고난 능력을 한곳으로 쏟아부어야 승부를 가릴 수 있는 것입니다.

　삶에서 적극적 사고방식의 작가 노만 빈센트 필(Norman Vincent Peale)도 "좋아하니까 하게 되는 그런 일을 하라. 그러면 성공은 저절로 따른다"라고 말하듯이 자신이 좋아하는 일을 하는 사람은 누구나 열정과 에너지를 그것에 쏟아부어서 미래의 경쟁자들보다 빠르게 먼저 성공하고자 이전보다 2배, 3배 더욱 열심히 노력한다는 것입니다. 불행을 찾아서 헤매는 일은 절대로 해서는 안 되는 것이며, 행복은 멀리 있는 것이 아니라 우리 곁 아주 가까운 곳에서 항상 우리를 기다리고 있다는 사실을 깨달아야 할 것입니다.

　그리고 행복은 아주 크고 멋진 것이 아니라 우리가 삶에서 하고 싶은 것, 먹고 싶은 것, 입고 싶은 것 등을 얻었을 때 누구보다 행복하다는 자연의 이치를 잊지 말아야 할 것입니다. 자신이 진정으로 하고 싶은 일을 찾아 실행하는 것! 그것이 가장 중요한 일이라는 것에 대해서 우리는 삶을 살아가는 동안이라도 깊이 생각해야 할 것입니다.

30년 이상 국제 민간외교 활동
Over 30 years of international civilian diplomatic activities

카타르 부총리와 함께한 총재 예하(2006. 11. 20.)
The chairman with the Deputy Prime Minister of Qatar.

파나마 부통령과 함께한 총재 예하(2005. 11. 14.)
The chairman with the Vice President of Panama.

노벨평화상(1977) 수상자와 함께한 총재 예하(1999. 10. 15.)
The chairman with the 1977 Nobel Peace Prize laureate.

필리핀 前 대통령과 함께한 총재 예하(1998. 2. 27.)
The chairman with the former President of the Philippines.

미국 前 부통령과 함께한 총재 예하(2001. 6. 16.)
The chairman with the former Vice President of the U.S..

러시아 연방 경제개발부 차관과 함께한 총재 예하(2013. 4. 3.)
The chairman with the Deputy Minister of Economic Development of the Russian Federation.

코스타리카 외교부장관과 악수를 나누고 있는 총재 예하(2014. 7. 2.)
The chairman shaking hands with the Minister of Foreign Affairs of Costa Rica.

온두라스 대사와 함께한 총재 예하(2008. 8. 18.)
The chairman with Honduras Ambassador.

30년 이상 국제 민간외교 활동
Over 30 years of international civilian diplomatic activities

미 제7공군, 주한 미 공군 사령관, 주한미군, 유엔군 부사령관과 악수를 나누고 있는 총재 예하(2016. 9. 22.)
The chairman shaking hands with the Commander of ACC (ROK-U.S.), CFC.

IOC(국제올림픽위원회) 집행위원과 악수를 나누고 있는 총재 예하 (2016. 11. 4.)
The chairman shaking hands with a member of the Organizing Committee of the IOC.

아랍에미레이트 내각 장관 겸 미래부장관과 악수를 나누고 있는 총재 예하(2016. 10. 6.)
The chairman shaking hands with the Minister of Cabinet Affairs and the Future of the U.A.E.

주한 미국상공회의소 회장과 악수를 나누고 있는 총재 예하(2016. 9. 22.)
The chairman shaking hands with the President of the American Chamber of Commerce in Korea.

코스타리카 국회 부의장과 악수를 나누고 있는 총재 예하(2016. 10. 14.)
The chairman shaking hands with the Vice-Speaker of Costa Rica.

아랍에미레이트 국영기업 두바이 스마트시티 회장과 악수를 나누고 있는 총재 예하(2016. 10. 6.)
The chairman shaking hands with the CEO of Smart City Dubai, U.A.E.

코스타리카 대통령 내외와 함께한 총재 예하(2016. 10. 14.)
The chairman with the President of Costa Rica and his spouse.

OECD(경제협력개발기구) 사무차장과 악수를 나누고 있는 총재 예하(2016. 10. 20.)
The chairman shaking hands with the Deputy Secretary-General of the OECD.

30년 이상 국제 민간외교 활동
Over 30 years of international civilian diplomatic activities

前 코스타리카 부통령, UN 사무차장, 現 아메리카 공동체 사무총장과
악수를 나누고 있는 총재 예하(2016. 6. 29.)
Honorable Chairman shaking hands with the former Vice President of Costa
Rica, the U.N. Deputy Secretary-General, and the current Secretary-General
of the American Community.

멕시코 공공행정부 장관과 악수를 나누고 있는 총재 예하(2016. 6. 29.)
Honorable Chairman shaking hands with the Minister of Public
Administration Affairs of Mexico.

베네수엘라 무역투자부 장관과 악수를 나누고 있는 총재 예하(2016. 6. 29.)
Honorable Chairman shaking hands with the Minister of Trade and
Investment Affairs of Venezuela.

아르헨티나 현대화부 장관과 악수를 나누고 있는 총재 예하(2016. 6. 29.)
Honorable Chairman shaking hands with the Minister of Modernization
Affairs of Argentina.

유엔군, 한미연합사, 주한미군 사령관(미 육군 대장)과 악수를 나누고
있는 총재 예하(2016. 7. 19.)
The chairman shaking hands with the U.N. Command, ROK-U.S. Combined
Forces Command, and U.S. Command in Korea.

독일 대사와 함께한 총재 예하(2009. 10. 9.)
The chairman with the German Ambassador to Korea.

멕시코 장군 내외와 함께한 총재 예하(2015. 7. 21.)
The chairman with the Mexican general and his spouse.

교황청 대사와 함께한 총재 예하(2008. 7. 30.)
The chairman with Holy See Ambassador.

CHAPTER 23. 삶에서 성공은 새로운 출발이다

| 지혜를 나누는 글

**우리의 삶에서 성공은
새로운 출발이라는 것을 알아야 할 것입니다.**

인간에게 있어서 성공은 종착역이 아닌 인생의 새로운 출발이라는 것을 깨달아야 할 것입니다. 인간의 삶에서 성공은 그것을 가능케 한 행위를 항상 뒤떨어진 것으로 만들게 되는 것이며, 그것은 인생에서 인간에게 새로운 현실을 창출하게 만들어 준다는 것을 알아야 할 것입니다. 따라서 인간의 삶에서 성공은 반드시 또 다른 문제를 만들어 내는 것이 세상을 돌아가게 하는 이치이며, 자연에 역행하지 않는 방법이며, 인간의 인생이 잘 맞은 톱니바퀴처럼 돌아가는 현실이라고 할 것입니다.

예를 들어 성공 이후에 "나는 이후 행복하게 잘 살았다"란 신화는 동화 속에서나 가능한 일이지 현실은 전혀 그러하지 못하다는 사실을 잊지 말아야 할 것입니다. 그래서 우리는 삶에서 늘 강조하고 또 강조하게 되지만, 어제의 성공을 이끌었던 요인이 내일의 실패를 만들 수 있다는 것을 기억해야 할 것이며, 실패 없이 항상 성공했다는 말은 진실이 아니라는 것을 우리는 삶에서 귀를 기울여야 같은 실패를 반복하지 않을 것입니다.

따라서 우리의 삶에서 모두는 깊이 새겨야 할 것이, 지금 이루었다고 생각하는 바로 그날 우리는 실패에 대한 걱정을 시작해야 할 것이며, 만약 실패에 대한 두려움을 전혀 생각도 하지 않고, 실패에 대한 대비책을 준비하지 않는다면 지금 이루어 놓은 모든 것을 한순간에 잃어버릴 수 있다는 것을 명심해야 할 것입니다. 또한 우리는 삶에서 누구보다도 먼저 성공을 하게 되었다면 그 순간 어제의 성공 요인을 과감하게 내다 버릴 줄 알아야 할 것이고, 성공 요인을 과감하게 버릴 줄 알아야 과거의 우리가 가진 성공에 대한 집착도 함께 버리게 되는 것이며, 그로 인하여 우리는 하루라도 빠르게 새로운 성공 요인을 찾을 수 있다는 진리를 가슴속 깊이 새겨야 할 것입니다.

30년 이상 국제 민간외교 활동
Over 30 years of international civilian diplomatic activities

브룩쉴즈에게 사인을 해주고 있는 총재 예하(1988)
The chairman signing an autograph for Brooke Shields.

브룩쉴즈와 함께한 총재 예하(1988)
The chairman with Brooke Shields.

소련 前 대통령 고르바초프와 함께한 총재 예하(2000. 8. 31.)
The chairman with Mikhail Gorbachev, the former President of the Soviet Union.

유엔, WHO(세계보건기구) 서태평양 지역 연락소장(2001. 9. 17.)
UN and WHO (World Health Organization) Western Pacific Regional Liaison Officer

뉴질랜드 前 총리와 악수를 나누고 있는 총재 예하(2024. 5. 22.)
The chairman shaking hands with the former Prime Minister of New Zealand.

영국 前 검찰총장과 악수를 나누고 있는 총재 예하(2024. 5. 22.)
The chairman shaking hands with the former Attorney General of the United Kingdom.

인도 상공회의소 회장과 악수를 나누고 있는 총재 예하(2024. 5. 22.)
The chairman shaking hands with the President of the Indian Chamber of Commerce.

사우디 상무부장관과 악수를 나누고 있는 총재 예하(2024. 7. 30.)
The chairman shaking hands with the Minister of Commerce of Saudi Arabia.

30년 이상 국제 민간외교 활동
Over 30 years of international civilian diplomatic activities

사우디 상무부 기업 사절단과 악수를 나누고 있는 총재 예하(2024. 7. 30.)
The chairman shaking hands with the Saudi Ministry of Commerce Business Delegation.

사우디 상무부 기업 사절단과 악수를 나누고 있는 총재 예하(2024. 7. 30.)
The chairman shaking hands with the Saudi Ministry of Commerce Business Delegation.

사우디 상무부 기업 사절단과 악수를 나누고 있는 총재 예하(2024. 7. 30.)
The chairman shaking hands with the Saudi Ministry of Commerce Business Delegation.

크로아티아 대사에게 단증을 수여하는 총재 예하(2018. 11. 22.)
The chairman awards a Dan certificate to the Croatia Ambassador to Korea.

요르단 대사에게 단증을 수여하는 총재 예하(2018. 11. 20.)
The chairman awards a Dan certificate to the Jordan Ambassador to Korea.

미얀마 대사에게 단증을 수여하는 총재 예하(2018. 9. 12.)
The chairman awards a Dan certificate to the Myanmar Ambassador to Korea.

네팔 대사에게 단증을 수여하는 총재 예하(2017. 8. 22.)
The chairman awards a Dan certificate to the Nepal Ambassador to Korea.

미국 前 부통령 앨 고어와 함께한 총재 예하(2001. 6. 16.)
The chairman with Al Gore, the former Vice President of the U.S..

30년 이상 국제 민간외교 활동
Over 30 years of international civilian diplomatic activities

페루 부통령과 악수를 나누고 있는 총재 예하(2017. 6. 29.)
The chairman shaking hands with the Vice President of Peru.

사우디 경제기획부 장관과 악수를 나누고 있는 총재 예하(2017. 10. 26.)
The chairman shaking hands with the Minister of Economy and Planning of Saudi Arabia.

ICO 조정위원과 악수를 나누고 있는 총재 예하(2017. 11. 18.)
The chairman shaking hands with an ICO Coordination Committee member.

우즈베키스탄 부총리와 악수를 나누고 있는 총재 예하(2017. 11. 23.)
The chairman shaking hands with the Deputy Prime Minister of Uzbekistan.

아르헨티나 대사 송별연(2018. 10. 24.)
Farewell ceremony for the Ambassador of Argentina.

사우디 국방무관(장군)과 악수를 나누고 있는 총재 예하(2018. 11. 30.)
The chairman shaking hands with the Saudi Defense Attaché (General).

이집트 재무부장관과 악수를 나누고 있는 총재 예하(2019. 2. 26.)
The chairman shaking hands with the Minister of Finance of Egypt.

2018 노벨경제학상 수상자와 함께한 총재 예하(2019. 3. 27.)
The Honorable Chairman with the 2018 Nobel Prize Laureate in Economics.

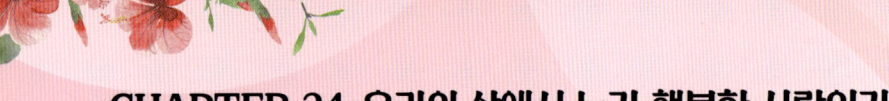

CHAPTER 24. 우리의 삶에서 누가 행복한 사람인가

| 지혜를 나누는 글

우리의 삶에서 과연 누가 행복한 사람일까요?

우리의 삶에서 성공이 행복의 열쇠가 아니라 행복이 성공의 열쇠라는 것을 깨달아야 할 것입니다. 만약에 우리가 살아가는 동안 자신이 하는 일에 대한 열정과 관심을 가지고 진심으로 맡은 일을 사랑하는 사람이 있다면 그는 이미 성공한 사람이라는 것입니다. 그래서 우리의 삶에서 가장 행복한 사람으로 찬양받을 만한 사람은 바로 가장 많은 사람을 행복하게 해준 사람이라는 것을 기억해야 할 것입니다.

인간의 삶에서 행복이란 다른 사람을 행복하게 해주려고 할 때 자신에게도 더불어서 행복이 생길 것이며, 그 행복은 한 걸음 더 나아가서 또 다른 사람을 행복하게 해준다는 것을 알아야 할 것입니다. 인간의 삶에서 행복하다고 단정 짓는 사람은 다른 사람을 위해 어떻게 봉사할 것인가를 찾으려고 노력하고 추구하면서 찾아내는 사람이라는 것입니다.

삶에서 오로지 자신의 행복과 성공을 다른 이와 나눌 수 있을 때 우리는 그 행복을 누릴 자격을 얻게 된다는 교훈을 잊어서는 안 될 것입니다. 그렇게 얻어진 행복이 진정한 행복이며, 오래도록 지속되는 인간이 찾고자 하는 영원한 행복이 되는 것입니다. 모든 인간이 살아가는 세상에 자신의 이익보다 남을 먼저 배려하라는 가르침을 섬기는 것이, 온 인류를 평화와 행복으로 가득 차게 만드는 비결이라는 것을 명심해야 할 것입니다.

30년 이상 국제 민간외교 활동
Over 30 years of international civilian diplomatic activities

스웨덴 육군 소장(장군)과 함께한 총재 예하(2014. 10. 10.)
The Chairman with the Swedish Army Major General.

벨라루스 대사에게 단증을 수여하는 총재 예하(2024. 4. 29.)
The chairman awarding a Dan certificate to the Ambassador of Belarus.

코트디부와르 대통령과 악수를 나누고 있는 총재 예하(2014. 10. 8.)
The Chairman shaking hands with the President of Côte d'Ivoire.

칠레 경제개발관광부 장관과 악수를 나누고 있는 총재 예하(2023. 10. 12.)
The chairman shaking hands with the Minister of Economy, Development, and Tourism of Chile.

대만 前 부총통에게 단증을 수여하는 총재 예하(2023. 8. 1.)
The chairman awarding a Dan certificate to the former Vice President of Taiwan.

사우디아라비아 무관(장군)에게 단증을 수여하고 있는 총재 예하(2014. 3. 27.)
The Chairman presenting a certificate to the Saudi Arabian Military Attaché (General).

호주 前 총리와 악수를 나누고 있는 총재 예하(2023. 5. 17.)
The chairman shaking hands with the former Prime Minister of Australia.

터키 공군 소장(장군)과 악수를 나누고 있는 총재 예하(2013. 10. 29.)
The Chairman shaking hands with the Turkish Air Force Major General.

30년 이상 국제 민간외교 활동
More than 30 years of international civilian diplomatic activities

말레이시아 국제통상부 장관과 악수를 나누고 있는 총재 예하(2023. 5. 16.)
The chairman shaking hands with the Minister of International Trade and Industry of Malaysia.

온두라스 대사에게 단증을 수여하는 총재 예하(2019. 4. 23.)
The Honorable Chairman awarding a Dan certificate to the Ambassador of Honduras.

30년 이상 국제 민간외교 활동
More than 30 years of international civilian diplomatic activities

미국 前 하원의장과 악수를 나누고 있는 총재 예하(2024. 5. 22.)
The chairman shaking hands with the former Speaker of the U.S. House of Representatives.

알제리 장군과 악수를 나누고 있는 총재 예하(2013. 10. 30.)
The Chairman shaking hands with the Algerian General.

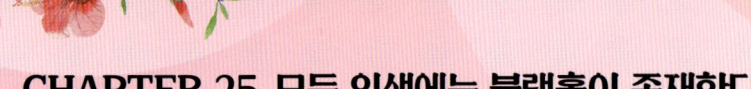

CHAPTER 25. 모든 인생에는 블랙홀이 존재한다

| 지혜를 나누는 글

모든 인생에는 블랙홀이 존재하고 있습니다.

우리의 삶에서 난관에 빠져들 때 왠지 모르게 블랙홀을 생각한 적이 있을 것입니다. 우리가 삶에서 처음에 생각했던 것처럼 완전한 암흑인 것도, 우리의 삶에서 일종의 영원한 감옥도 아닐까 생각이 드는 이유입니다. 그러나 인간은 삶을 살아가면서 자신에게 다가오는 모든 어려움을 극복할 수 있듯이 우리가 상상했던 블랙홀에는 분명 다른 세계로 빠져나올 수 있는 출구가 존재할 것이라고 확신합니다. 인생에서 모든 어려움을 극복할 수 있는 것은 자신의 의지와 노력이 아닐까 생각하며, 그런 힘은 인생을 살아오는 동안 쌓아왔던 삶의 경험이 아닐까 생각하게 합니다.

그런 삶의 경험이 인생에서 존재하지 않는다면 블랙홀을 빠져나와 다른 세계로 갈 수는 없을 것입니다. 만약 우리들의 삶이 블랙홀이라는 거대한 암흑의 세계에 갇혀있다고 느낀다면 그 어떤 것도 삶을 살아가면서 포기해서는 안 될 것입니다. 그 이유는 분명 또 다른 출구가 분명 존재하여 우리들의 삶을 안정되게 변화할 수 있도록 기회를 제공받게 될 수 있기 때문입니다. 그래서 인간은 인생의 고난은 동굴이 아니라 터널이라고 말하는 것입니다. 우리들의 삶은 언젠가는 끝이 있고 나가는 출구가 있다는 것을 깨달아야 할 것이며, 자신의 노력으로 반드시 바꾸어 갈 수 있다는 바른 생각을 가져야 할 것이며, 우리가 그런 고행을 이겨낸다면 분명 예전보다 더 큰 행복이 기다리고 있을 것이므로, 지금 이 순간 불치의 병으로 육신의 고통을 받고 있는 환자들에게도 절대 절망해서는 안 된다는 말을 하고자 합니다.

지금이라도 내 생을 마감한다는 두려움이 우리의 육신의 골수를 녹여서 면역력을 떨어뜨린다는 것을 잊지 말아야 할 것이며, 우리의 육신은 우리들의 생각에 즉각적으로 반응한다는 것을 분명 알아야 할 것입니다. 이것은 불치의 병이 사람을 죽이는 게 아니고, 우리의 마음이 자신의 육신을 병들고 나약하게 만들어 죽인다는 것을 깨달아야 할 것입니다. 즉, 한마디로 표현한다면 "자신이 갖는 절망 때문에 죽는 것이다"라는 말을 명심해야 할 것입니다.

세계 정상들과의 국제 민간외교 활동
International civilian diplomatic activities with world leaders

말레이시아 총리와 함께한 총재 예하(2007. 3. 13.)
The chairman with the Prime Minister of Malaysia.

유엔 사무총장과 함께한 총재 예하(2006. 10. 24.)
The chairman with the Secretary-General of the United Nations.

세계 정상들과의 국제 민간외교 활동
International civilian diplomatic activities with world leaders

우크라이나 대통령과 함께한 총재 예하(2006. 12. 19.)
The chairman with the President of Ukraine.

엘살바도르 대통령과 함께한 총재 예하(2006. 10. 26.)
The chairman with the President of El Salvador.

세계 정상들과의 국제 민간외교 활동
International civilian diplomatic activities with world leaders

아제르바이잔 대통령과 함께한 총재 예하(2007. 4. 24.)
The chairman with the President of Azerbaijan.

독일 前 대통령과 함께한 총재 예하(2005. 12. 5.)
The chairman with the former President of Germany.

CHAPTER 26. 삶에서 원하는 만큼 얻은 행복은 불행한 것이다

| 지혜를 나누는 글

**우리의 삶에서 원하는 만큼
얻은 행복은 불행한 일입니다.**

우리가 삶을 살아가면서 부족함 없이 모든 것을 다 얻는 행복이 존재한다면 자신의 인생이 불행하다는 것을 깨달아야 할 것입니다. 그것은 인간으로서 삶을 살아가면서 무엇 하나 손쉽게 원하는 것을 얻을 수 있다면 인간의 정신은 활력을 잃게 될 것이고, 모든 것을 부족함 없이 소유하게 된다면 우리의 영혼은 잿더미로 변하게 될 것입니다. 그래서 우리는 삶에서도 자신의 정신을 건강하게 유지하기 위해서 삶의 열정과 새로운 변화에 대한 호기심이 항상 충만해야 한다는 것을 잊지 말아야 행복은 우리에게 찾아오게 될 것입니다.

이런 이유가 있기에 우리의 삶에서 지나치게 만족스러운 상황이 유지된다면 우리에게는 오히려 치명적인 결과를 가져오게 될 것입니다. 그렇다고 삶에서 바라는 것이 아무것도 없게 되면 우리에게는 근심의 씨앗이 싹트게 될 것이고, 그로 인하여 삶에서 욕망이라는 것이 우리 곁에서 사라지게 되고, 그 빈자리에는 어둡고 깜깜한 그림자만이 남게 될 것입니다.

인간의 뇌는 무언가를 상실하게 되면 자동적으로 다른 기능이 살아나서 또 다른 기능을 강화하게 하는 신비한 능력을 가졌다는 것을 알아야 할 것입니다. 그것을 증명하는 것이, 예를 들어 사람이 청력을 상실하게 되면 시각이 강화되고, 시각을 상실하면 청력이 강화된다는 사실입니다. 우리가 삶에서 미래를 위해서 더 좋고, 더 강한 새로운 것을 채우기 위해서는 과감히 비울 수 있는 자세가 필요할 것이고, 마음뿐만 아닌 행동으로 정말로 비울 줄 알아야 할 것입니다. 그렇게 하게 된다면 우리의 삶에서 상실의 불행이 새로운 창조를 불러오게 할 것입니다.

세계 정상들과의 국제 민간외교 활동
International civilian diplomatic activities with world leaders

호주 前 총리와 함께한 총재 예하(2008. 10. 15.)
The chairman with the former Prime Minister of Australia.

투르크메니스탄 대통령과 함께한 총재 예하(2008. 11. 6.)
The chairman with the President of Turkmenistan.

세계 정상들과의 국제 민간외교 활동
International civilian diplomatic activities with world leaders

스리랑카 대통령과 함께한 총재 예하(2005. 5. 27.)
The chairman with the President of Sri Lanka.

가나 공화국 前 대통령과 함께한 총재 예하(2009. 10. 7.)
The chairman with the former President of Ghana.

세계 정상들과의 국제 민간외교 활동
International civilian diplomatic activities with world leaders

스위스 대통령과 함께한 총재 예하(2009. 10. 9.)
The chairman with the President of Switzerland.

브리아티아 공화국 대통령과 함께한 총재 예하(2011. 6. 1.)
The chairman with the President of Buryatia.

CHAPTER 27. 자신의 시련에 강한 자를 더 강하게 만든다

| 지혜를 나누는 글

**삶을 살아가면서 자신의 시련에 강한 자를
더욱 강하게 만들 것입니다.**

우리가 삶을 살아가면서 수시로 다가오는 다양한 시련들이 우리 자신에게 다가올 때 분명 용감한 자는 더욱 강해질 것이며, 현명하고 지혜로운 자는 더욱 그 판단력을 명확하게 만들 것입니다.

그러나 삶에서 매사가 부정적이고, 마음과 육신이 약한 자는 어떤 일이든지 쉽게 포기하게 될 것입니다. 즉, 자신의 부덕함을 생각하지 않고 어리석게 행동하면서 삶을 살아가는 자는 모든 일에 대해서 자신의 부족함을 뒤돌아보지 않고 무조건 다른 사람의 잘못으로 돌리면서 자신의 삶을 망쳐버리는 결과를 만들고 있다는 사실입니다.

불교의 보왕삼매론이란 경전에서는 자신의 삶을 살아가면서 병이 없기를 바라지 말라는 구절이 명시되어 있는데, 이는 인간이 삶을 살아가면서 병이 없으면 사람이 교만해지기 쉬우니 삶에서 얻어지는 병으로서 양약으로 삼으라고 하셨습니다. 인간의 육신이 병에 들게 되면 스스로 원망하면서 한심스럽게 생각하게 될 것이며, 만약에 앞만 보고 달려온 자신의 인생을 되돌아보게 되는 시간을 갖는다면, 그것이 바로 자신의 삶에서 얻어지는 최고의 양약이라는 것을 깨달아야 할 것입니다.

세계 정상들과의 국제 민간외교 활동
International civilian diplomatic activities with world leaders

네덜란드 前 총리와 악수를 나누고 있는 총재 예하(2010. 9. 3.)
The chairman shaking hands with the former Prime Minister of the Netherlands.

좌로부터 총재 예하, 필리핀 前 대통령, 前 필리핀 대사(2010. 9. 17.)
(From left) The chairman, former President of the Philippines, former Ambassador of the Philippines.

세계 정상들과의 국제 민간외교 활동
International civilian diplomatic activities with world leaders

소련 前 대통령과 함께한 총재 예하(2008. 10. 1.)
The chairman with the former President of the Soviet Union.

미국 前 대통령과 함께한 총재 예하(2003. 11. 14.)
The chairman with the former President of the U.S..

세계 정상들과의 국제 민간외교 활동
International civilian diplomatic activities with world leaders

베네주엘라 대통령과 함께한 총재 예하(1999. 10. 15.)
The chairman with the President of Venezuela.

독일 前 대통령과 악수를 나누고 있는 총재 예하(2012. 10. 9.)
The chairman shaking hands with the former President of Germany.

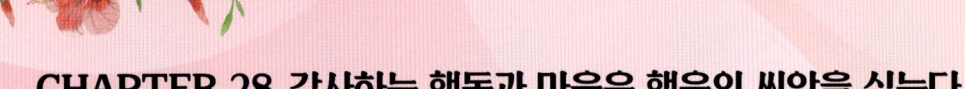

CHAPTER 28. 감사하는 행동과 마음은 행운의 씨앗을 심는다

| 지혜를 나누는 글

우리에게 감사하는 행동과 마음은
자기 안에 행운의 씨앗을 심는 일이 될 것입니다.

　우리가 삶을 살아가면서 누구에게 감사하는 마음을 가진 사람은 혹시라도 인생에서 불행이 닥치거나 어떠한 방해물을 만날지라도 내적인 웃음과 기분 좋은 마음 또한 절대로 잃지 않을 것입니다. 따라서 삶에서 비록 자신의 계획이 차질을 빚어 무산되는 일이 생기고 없어지게 되더라도 우리가 감사하는 마음을 지니고 있다면 어딘가에 우리를 맞이할 마음이 열려 새로운 문을 찾을 수 있다는 것을 깨달아야 할 것입니다.

　그리고 우리는 삶에서 지금보다 넓고 환한 길로 연결된 문을 찾기 위해서 불필요한 시간을 소비해서는 안 될 것이며, 오로지 평소에 누구에게나 감사하는 마음으로 생활을 하게 된다면 걱정, 불안, 두려움에 대한 해독제가 될 수 있을 것입니다.

　우리가 반드시 새기면서 삶을 살아가야 하는 것이 남을 배려하는 마음과 그것에 대한 감사하는 마음이야말로 어렵고 힘든 시련을 견디는 힘이 될 것이고, 새롭게 재생할 수 있는 능력이 될 것입니다. 인간은 이런 장점을 지니고 있기에 우리의 인생에서 항상 마음속 안에 행운의 씨앗을 심는 일을 진행해야 하는 이유가 있는 것입니다. 그래서 우리는 어려운 삶 속 상황이 점점 닥쳐올수록 분명하고 명확한 분별을 정확하게 하여 새롭게 감사할 일을 찾아 나서야 또 다른 행운을 맞이할 수 있다는 크나큰 삶의 교훈을 절대로 잊지 말아야 할 것입니다.

세계 정상들과의 국제 민간외교 활동
International civilian diplomatic activities with world leaders

벨라루스 前 대통령과 악수를 나누고 있는 총재 예하(2002. 2. 19.)
The chairman shaking hands with the former President of Belarus.

캄보디아 총리와 함께한 총재 예하(2009. 6. 3.)
The chairman with the Prime Minister of Cambodia.

세계 정상들과의 국제 민간외교 활동
International civilian diplomatic activities with world leaders

유엔 사무총장과 함께한 총재 예하(1998. 10. 23.)
The chairman with the Secretary-General of the United Nations.

IMF 총재와 악수를 나누고 있는 총재 예하(2010. 7. 12.)
The chairman shaking hands with the Managing Director of the International Monetary Fund.

세계 정상들과의 국제 민간외교 활동
International civilian diplomatic activities with world leaders

일본 前 총리와 악수를 나누고 있는 총재 예하(2013. 4. 24.)
The chairman shaking hands with the former Prime Minister of Japan.

러시아 연방 브리아티아 공화국 대통령과 함께한 총재 예하(1998. 11. 27.)
The chairman with the President of Buryatia, Russia.

CHAPTER 29. 우리 인간의 삶은 무엇을 위해 살아가는가

| 지혜를 나누는 글

인간의 삶은 무엇을 위해
살아가고 있는 것일까요?

우리의 인생에서 얼마나 타인에 대해서 잘 볼 수 있는 시안을 가지고 있을까 생각하면서 평가의 기준을 만들어 본다면 다음과 같은 결론에 다다르게 될 것입니다. 즉, 인생에서 눈으로 남을 볼 줄 아는 사람은 훌륭한 사람일 것이나, 귀로서 남의 이야기를 들을 줄 알고 자신의 머리로는 남의 행복에 대하여 생각할 줄 아는 사람은 진정으로 훌륭한 사람이라고 할 수 있는 것입니다. 누군가 산승에게 "스님, 인간은 무엇을 위해 살아가는 것일까요?"라는 질문에 대해 "인간은 당연히 타인을 위해서 살아가는 것이다"라고 말을 할 것입니다.

하루에도 백 번씩 나는 내 마음을 뒤돌아보면서 지금 살아가고 있는 삶에 대해서 현재 살아있는 사람이나 혹은 과거에 죽은 사람의 노고에 의존하고 있다는 부분에 대해서 알게 되면서 지금의 삶에 대한 감사의 마음을 되새기곤 합니다.

그리고 향후 미래에는 내가 살아오면서 남에게 받은 것만큼 되돌려 주기 위해 얼마나 많이 노력해야만 하는가를 스스로 일깨우면서 하루를 시작하고, 하루를 마감하는 삶에 최선을 다하고자 노력할 것입니다. 인간은 절대로 혼자서 독불장군이 되어서는 안 될 것이며, 삶을 혼자서 지탱할 수도, 살아갈 수도 없는 나약한 존재라는 것을 깨달아야 할 것입니다.

세계 정상들과의 국제 민간외교 활동
International civilian diplomatic activities with world leaders

OECD(경제협력개발기구) 사무총장과 악수를 나누고 있는 총재 예하(2016. 10. 25.)
The chairman shaking hands with the Secretary-General of the OECD.

페루 前 수상과 함께한 총재 예하(2010. 9. 29.)
The chairman with the former Prime Minister of Peru.

세계 정상들과의 국제 민간외교 활동
International civilian diplomatic activities with world leaders

호주 제27대 총리와 함께한 총재 예하(2014. 6. 12.)
The chairman with the Prime Minister of Australia (June 2010 - June 2013).

그리스 대통령과 악수를 나누고 있는 총재 예하(2013. 12. 3.)
The chairman shaking hands with the President of the Hellenic Republic.

세계 정상들과의 국제 민간외교 활동
International civilian diplomatic activities with world leaders

몽골 前 대통령과 악수를 나누고 있는 총재 예하(2013. 10. 18.)
The chairman shaking hands with the former President of Mongolia.

세계은행 총재와 악수를 나누고 있는 총재 예하(2013. 12. 3.)
The chairman shaking hands with the President of the World Bank Group.

CHAPTER 30. 하루의 첫 2시간을 가치 있게 사용해야 한다

| 지혜를 나누는 글

**매일 반복되는 삶에서 하루의 첫 2시간을
가치 있게 사용하도록 해야 할 것입니다.**

매일 같이 반복되는 우리의 삶에서 기상과 동시에 시작되는 하루의 첫 2시간을 가치 있게 사용해야 우리의 하루 일과는 생각보다 순조롭게 풀려나가게 될 것입니다. 우리가 살아가는 주변에서 성공한 사람, 행복한 사람, 자유로운 사람들을 신중히 살펴보면 그 해답을 얻을 수 있을 것입니다. 이유는 부지런하지 않은 사람이 없다는 공통점을 발견하게 될 것이며, 그들의 또 하나 공통점은 한결같이 모두가 새벽 5시를 기점으로 전후하여 새벽에 출근하고, 새벽에 기도하고, 새벽에 운동하고, 새벽에 공부를 즐긴다는 사실을 알게 될 것입니다.

그럼 지금 우리 자신을 뒤돌아볼 때 하루의 일과를 어떻게 시작하고 있는지 한 번은 돌아보고 지금의 시간을 얼마나 잘 활용하고 알차게 시작을 하는지 비교를 해보아야 할 것입니다. 만약 잠시라도 시간을 내어 지금 우리 자신을 돌아본다면 분명 우리가 원하는 해답을 찾을 수 있을 것입니다. 과학적으로도 새벽 5시는 인간에게 가장 알파가 많이 나오는 시간이라는 것도 증명이 되었고, 그 시간에 무엇을 어떻게 시작되는가에 따라 하루 일과의 운명이 정해진다는 사실을 깨달아야 삶의 변화와 질이 바뀌게 될 것입니다.

그래서 하루의 첫 시작이 바뀌면 하루가 바뀌고, 하루가 바뀌면 인생이 바뀐다는 말처럼 우리가 시작되는 짧은 시간이지만 얼마나 중요한 것인가를 깊이 생각해야 할 것입니다. 그만큼 하루를 시작하는 종류가 일생을 바꾸게 하는 첫걸음이 될 수 있다는 것을 명심하고 혹시라도 지금 성공을 하지 못해서 한숨을 내쉬고 있다면 아침형 인간으로 변화하고, 그 변화에서 우리가 요구하는 삶으로 생활을 바꾸게 된다면 분명 생각지도 않은 새로운 미래가 우리 앞으로 다가오게 될 것입니다.

세계 정상들과의 국제 민간외교 활동
International civilian diplomatic activities with world leaders

1998 노벨평화상 수상자(前 북아일랜드 첫 번째 총리)와 함께한 총재 예하(2007. 6. 19.)
The chairman with the Nobel Peace Prize laureate.

베트남 공산당 서기장과 악수를 나누고 있는 총재 예하(2008. 3. 21.)
The chairman shaking hands with the General Secretary of the Communist Party of Vietnam.

세계 정상들과의 국제 민간외교 활동
International civilian diplomatic activities with world leaders

홍콩 행정수반과 악수를 나누고 있는 총재 예하(2014. 11. 27.)
The chairman shaking hands with the Chief Executive of the Hong Kong Administration.

체코공화국 총리와 악수를 나누고 있는 총재 예하(2015. 2. 25.)
The chairman shaking hands with the Prime Minister of Czech.

세계 정상들과의 국제 민간외교 활동
International civilian diplomatic activities with world leaders

코트디브와르 대통령과 악수를 나누고 있는 총재 예하(2014. 10. 8.)
The chairman shaking hands with the President of Côte d'Ivoire.

중국 총리와 악수를 나누고 있는 총재 예하(2015. 11. 1.)
The chairman shaking hands with the Prime Minister of China.

CHAPTER 31. 무소유는 인간에게 어떤 의미인가

| 지혜를 나누는 글

삶에서 무소유는
인간에게 어떤 의미를 지니고 있을까요?

　삶에서 누구나 할 것 없이 사람이라면 타인의 손을 잡고자 하는 마음을 지니고 있을 것이며, 그러기 위해서는 자신의 손에 아무것도 없는 무소유가 되어야만 가능한 이야기일 것입니다. 삶을 살아가는 사람은 생각하지도, 원하지 않는 것을 자신도 모르게 너무나 많은 것을 소유하고자 하는 생각에 욕심이라는 것이 생겨나 탐욕이라는 늪에 빠지게 되는 것이며, 그런 기준에서 자신의 마음이 한층 한층 탐욕의 굴레에서 벗어나지 못하고 지금보다도 너무 많은 것을 움켜쥐려고 타인을 배려하지 않는 삶을 살아가고 있다는 것입니다.

　삶을 살아가면서 지금 우리가 소유하고 있는 너무나 많은 것이 자신이 감당할 수 없을 정도로 차고 넘친다는 생각이 들면 그것은 분명 다른 사람은 절대로 소유하고 있는 그곳에 손을 닿을 수가 없다는 것입니다. 삶에서 겪을 수 있는 이런 것들이 우리에게 하나의 깨달음을 주는 것은 지금 우리가 가득 소유하고 있는 마음은 우리에게 반드시 상처와 아픔을 겪게 할 수 있을 것이며, 반대로 배려하는 마음을 지닌다면 아무것도 없는 공간이라도 분명 타인의 생명을 구하는 귀한 삶을 살아가게 될 것입니다.

　인간이 한평생 세월 동안 지내오면서 만약 자신이 빈손이 되어버린다면 우리는 타인을 위해 얼마만큼 배려의 손을 내밀어 잡았는지 생각하게 되면 참으로 부끄러울 때가 있을 것입니다. 그래서 세월이 흘러가면서 매일 같이 반복해서 다가오는 아침햇살이 밝혀지고 또다시 찾아오는 저녁노을이 지듯이 어둠을 몰고 오는 주변의 적막감은 우리에게 위압감으로 다가오면서 말로는 표현할 수 없을 만큼 공허함과 침묵의 괴묵함으로 우리 자신을 몰아넣게 될 것이고, 우리의 삶은 오만과 욕심만 가득 찬 자신을 꽁꽁 묶어버리게 된다는 것을 깨달아야 할 것입니다.

세계 정상들과의 국제 민간외교 활동
International civilian diplomatic activities with world leaders

아이슬란드 대통령과 악수를 나누고 있는 총재 예하(2015. 11. 9.)
The chairman shaking hands with the President of Iceland.

코스타리카 대통령과 악수를 나누고 있는 총재 예하(2016. 10. 14.)
The chairman shaking hands with the President of Costa Rica.

세계 정상들과의 국제 민간외교 활동
International civilian diplomatic activities with world leaders

필리핀 前 대통령과 함께한 총재 예하(1998. 2. 27.)
The chairman with the former President of the Philippines.

영국 前 총리와 악수를 나누고 있는 총재 예하(2012. 10. 24.)
The chairman shaking hands with the former Prime Minister of the United Kingdom.

세계 정상들과의 국제 민간외교 활동
International civilian diplomatic activities with world leaders

핀란드 前 대통령과 악수를 나누고 있는 총재 예하(2012. 10. 18.)
The chairman shaking hands with the former President of Finland.

헝가리 前 대통령과 악수를 나누고 있는 총재 예하(2017. 11. 16.)
The chairman shaking hands with the former President of Hungary.

CHAPTER 32. 삶에서 경청이란 무지한 사람도 고마워한다

| 지혜를 나누는 글

> 우리의 삶에서 경청이란
> 무지한 사람도 고마워할 것입니다.

　우리가 삶에서 누군가의 말을 경청하는 평소의 태도는 상대방에 대한 존경심과 애정의 표현 방법일 것입니다. 자신의 말보다 누군가의 말을 들으려고 하는 자세는, 그만큼 상대방의 말에 대해서 귀를 기울이는 것은 자기가 가진 가장 소중하고 귀한 선물인 관심을 상대방에게 베푼 것이나 다름없다는 것을 깨달아야 할 것입니다. 즉 지금 당신이 관계가 없던 상대방의 목적을 소중하게 여긴다는 모습을 보이고 나면, 이제 거꾸로 그 사람이 당신의 말에 관심을 가지면서 귀를 기울이게 된다는 것입니다.

　심지어 경청이란 무지한 사람조차도 자신을 인정하는 태도로 받아들여 고마워한다는 말이 있습니다. 그만큼 경청이란 우리 삶에서 상대방에 대한 존경심과 애정의 표현이며, 경청을 받는 사람에게는 최고의 선물이 될 것입니다. 결국 닫혔던 상대방의 마음을 자신에게 열게 하는 최고의 방법은 자기가 말하는 것보다 상대방이 하고자 하는 말에 최선을 다하여 귀를 기울여 말을 들으려는 경청의 자세입니다.

　경청은 우리의 삶에서 가장 쉽게 인연을 만들어 주는 가장 값어치 있는 방법일 것이며, 가장 쉽게 관계를 만들어 시작할 수 있는 좋은 방법이므로 당신의 발언보다는 상대방에게 관심을 가지고 질문의 비율을 높여가는 것이야말로 새로운 인연을 맺기 위한 최고의 수단이 될 것입니다.

세계 정상들과의 국제 민간외교 활동
International civilian diplomatic activities with world leaders

우즈베키스탄 대통령과 악수를 나누고 있는 총재 예하(2017. 11. 23.)
The chairman shaking hands with the President of Uzbekistan.

벨라루스 前 대통령에게 도예 기증(2002. 2. 19.)
The chairman Presenting a ceramic gift to the former President of Belarus.

세계 정상들과의 국제 민간외교 활동
International civilian diplomatic activities with world leaders

前 미국 대통령과 함께한 총재 예하(2003. 11. 14.)
The chairman with The former President of U.S..

前 미국 대통령과 함께한 총재 예하(2003. 11. 14.)
The chairman with The former President of U.S..

세계 정상들과의 국제 민간외교 활동
International civilian diplomatic activities with world leaders

미국 제43대 대통령 조지 W. 부시와 악수를 나누고 있는 총재 예하(2009. 10. 14.)
The chairman shaking hands with the 43rd President of the United States, George W. Bush.

폴란드 前 대통령과 악수를 나누고 있는 총재 예하(2024. 5. 22.)
The chairman shaking hands with the former President of Poland.

127

CHAPTER 33. 미래에 대한 기대치를 높이면 운이 좋아진다

| 지혜를 나누는 글

**삶을 살아가면서 미래에 대한 기대치를 높이면
운이 좋아질 것입니다.**

삶을 살아가면서 주변에서 운이 좋은 사람들은 운이 없는 사람들에 비해 생각이 긍정적이며, 다가오는 앞날에 좋은 일이 생길 거라는 진취적인 생각으로 삶을 살아가는 사람들이 통계학적으로 비율이 훨씬 높았다는 결과를 얻을 수 있었습니다. 삶에서 보게 되면 유난히 운이 좋은 사람들은 언행에 있어서 항상 미래를 장밋빛으로 밝게 그린다는 공통된 부분이 있다는 것입니다. 하지만 이와 반대로 운이 없는 사람들이 미래를 보기에는 그냥 암울하고 어둡다는 생각으로 가득 차 있을 것이며, 어떠한 일에 있어서 한쪽은 쉽게 꿈을 이루게 하는 재주가 있는 반면에 다른 한쪽은 원하는 바를 거의 이루지 못한다는 공통점을 발견할 수 있었다는 것을 기억해야 할 것입니다.

우리는 삶을 살아가면서 자신이 생각하는 것만큼 기대치가 다르게 되면 노력 정도가 달라지는 것이고, 그리고 어려움을 극복하겠다는 삶의 의지가 달라지는 것이며, 내가 남을 대하는 태도와 남이 나를 대하는 태도가 달라진다는 사실도 알아야 할 것입니다. 그래서 삶을 살아가는 우리는 운이 좋은 사람과 운이 없는 사람들 모두가 각각의 기대치는 자기 암시성 예언으로 이어질 것이며, 운이 좋은 사람들의 꿈은 현실로 이루어지도록 작용하는 반면에 운이 없는 사람들은 그렇지 못하게 된다는 것입니다.

그럼 운이 좋게 하는 방법은 첫째로 바로 자신의 굳은 마음과 바른 참선 수행을 통해서 청결한 육신과 하고자 하는 노력일 것이며, 이런 것들이 먼저 삶에서 선행이 되었을 때 비로소 우리의 운은 바뀌게 되는 것이며, 그로 인해서 다가오는 미래에 하고자 하는 일들이 성취된다는 것입니다. 두 번째 방법은 좋은 기운을 지니고 있는 지인과 함께하는 것입니다. 하늘은 선택된 자에게 천지의 기운을 나눌 수 있는 능력을 주시는데 그 선택된 자와 함께함으로써 자신의 운이 바뀐다는 사실을 깨달아야 할 것입니다.

세계 정상들과의 국제 민간외교 활동
International civilian diplomatic activities with world leaders

소련 前 대통령 미하일 고르바초프와 함께 이동하고 있는 총재 예하(2001. 11. 16.)
Honorable Chairman accompanied by the former President of the Soviet Union, Mikhail Gorbachev.

유엔 사무총장 코피 아난 내외와 함께 이동하고 있는 총재 예하(1998.10. 23.)
Honorable Chairman accompanied by the Secretary-General of the United Nations and his spouse.

세계 정상들과의 국제 민간외교 활동
International civilian diplomatic activities with world leaders

동서독 통일 독일 초대 대통령과 함께한 총재 예하(2005. 12. 5.)
The Chairman accompanied by the first President of the unified East and West Germany.

인도 대통령과 함께한 총재 예하(2006. 2. 7.)
The chairman with the President of India.

세계 정상들과의 국제 민간외교 활동
International civilian diplomatic activities with world leaders

바르자니 쿠르드 총리와 함께한 총재 예하(2008. 2. 15.)
The chairman with Barzani Prime Minister of the Government of Kudistan Region of Irag and delegation.

도미니카 대통령과 함께한 총재 예하(2006. 6. 30.)
The chairman with the President of Dominica.

세계 정상들과의 국제 민간외교 활동
International civilian diplomatic activities with world leaders

스페인 국왕과 악수를 나누고 있는 총재 예하(2019. 10. 24.)
The chairman shaking hands with the King of Spain.

WTO 사무총장과 악수를 나누고 있는 총재 예하(2023. 5. 23.)
The chairman shaking hands with the Director-General of the WTO.

세계 정상들과의 국제 민간외교 활동
International civilian diplomatic activities with world leaders

영국 前 총리와 악수를 나누고 있는 총재 예하(2023. 5. 17.)
The chairman shaking hands with the former Prime Minister of the United Kingdom.

말레이시아 前 총리와 악수를 나누고 있는 총재 예하(2023. 5. 17.)
The chairman shaking hands with the former Prime Minister of Malaysia.

CHAPTER 34. 아끼고 사랑하는 사람이 있다면 역경을 선물해야 한다

| 지혜를 나누는 글

**진정으로 아끼고 사랑하는 사람이 있다면
역경을 선물해야 할 것입니다.**

누에의 애벌레가 나비가 되기 위해 고치 구멍을 뚫고 나오려고 온갖 고통을 겪으며 노력하는 광경을 오랫동안 우리는 삶에서 자연스럽게 보았을 것입니다. 그 작은 고치 구멍을 뚫고 나오기 위해 몸부림을 치고 있는 애벌레의 길고 긴 시간 동안 애를 쓰고 있는 모습이 안쓰러워 인간이 가위를 가지고 와 고치 구멍을 조금 뚫어 주었습니다. 애벌레가 나비가 되어 화려한 날개를 펼치면서 창공을 날아다니겠지 하는 막연한 기대가 있었는데 그 나비는 날개를 질질 끌며 바닥을 왔다 갔다 하다가 결국에는 죽어버렸습니다. 인간의 조급함이 그 나비를 죽게 만들어 버렸다는 사실을 나중에 알게 되었을 때 정말로 인간의 무지함에 대해서 너무나 화가 났던 기억이 떠오릅니다.

만약 인간이 무지함을 행하지 않았다면 그 나비는 땅을 박차고 하늘을 향해 날아오를 만한 힘을 가졌을 텐데 인간의 무지함으로 날아오를 수 있는 힘을 키우지 못했던 것입니다. 나비의 특성상 작은 고치 구멍을 빠져나오려 애쓰는 가운데서 나비가 날개의 힘을 키우게 되어 있는데, 인간의 값싼 동정이 그 기회를 없애버리게 된 것입니다.

세상의 사람들은 자신이 사랑하는 사람의 안전과 편안함을 지켜주기 위해 지금도 노력을 하고 있을 것입니다. 그러나 진정으로 사랑하는 사람이 있다면, 특히 그 사람이 자식이나 부하직원이라면 그들의 미래를 생각하고, 자신이 속해 있는 조직의 미래까지 같이 생각해서라도 그들에게 안정과 평화, 안전과 편안함을 선물하기보다는 역경과 고난을 선물하는 것이 타당하리라고 생각하는 이유입니다. 인간의 삶에서 개인들이 리더로 성장하고자 할 때는, 그 조직이 경쟁력을 강화해야 하는데 인생에 겪어왔던 실패와 역경보다 더 좋은 스승, 더 좋은 선물은 인간에게는 없을 것입니다.

무궁화의 향기 국태민안 경제발전 기원 도룡국사 활동 현황
The Scent of Mugunghwa: Activities of Doryong Guksa for National Peace and Economic Development in the People's Republic of Korea.

한국기독교총연합회(한기총) 대표회장 목사와 악수를 나누고 있는 도룡국사(2023. 4. 18.)
Do-Ryong Guksa shaking hands with the President of the Christian Council of Korea (CCK), Reverend Pastor.

대한불교 조계종 원로회의 의장 밀운 대종사와 함께한 도룡국사(2014년)
Do-Ryong Guksa with Milwoon Daejongsa, the Chair of the Council of Elders of the Jogye Order of Korean Buddhism.

무궁화의 향기 국태민안 경제발전 기원 도룡국사 활동 현황
The Scent of Mugunghwa: Activities of Doryong Guksa for National Peace and Economic Development in the People's Republic of Korea.

前 대한불교 조계종 총무원장 스님과 함께한 도룡국사(2022. 10. 28.)
Do-Ryong Guksa with the former Director of the Jogye Order of Korean Buddhism.

무궁화의 향기 국태민안 경제발전 기원 도룡국사 활동 현황
The Scent of Mugunghwa: Activities of Doryong Guksa for National Peace and Economic Development in the People's Republic of Korea.

CHAPTER 35. 가정이 행복해야 직장에서도 행복하다

| 지혜를 나누는 글

**우리의 삶에서 가정이 행복해야
직장에서도 행복할 것입니다.**

우리가 삶을 살아가면서 가장 기초적인 사회 구성원이 바로 가정일 것입니다. 그런 가정이 행복하게 된다면 직장에서도 행복하게 되어 하는 일마다 잘 풀려나갈 것입니다. 그것이 바로 하늘의 기운이라 할 수 있을 것이며, 우리의 삶에서 악기운을 막는 최고의 삶을 살아가는 지혜이며, 행복을 오래도록 추구할 수 있는 하나의 방법일 것입니다. 사회에서도 같이 일을 하는 동료가 행복해야 자신도 행복하여 업무의 능률이 올라갈 수 있다는 것을 깨달아야 할 것입니다. 리더는 직원들에게 좋은 일이 있으면 행복해지고, 안 좋은 일이 있으면 종일 일이 손에 안 잡히는 것과 같은데, 그것은 직원들은 생사고락을 하는 회사와 리더와 삶을 같이하는 가장 가까운 동료들이기 때문입니다.

누군가가 "정말 그럴까요?" 하는 질문을 던진다면 저는 그렇게 하고 있다는 대답을 하는 편입니다. 지금 이런 마음은 대부분 직장이나 단체에서의 리더자, 경영자들과 직장상사들이 같으리라 생각이 듭니다. 지금처럼 전염병으로 전 세계가 고통받고 있는 현실에서 이젠 우리나라와 우리 민족이 가진 고유한 장점과 세계 사람들이 가지지 못한 강점을 최대한 살리는 데 우리는 주목해야 할 시점이라고 봅니다. 그리고 우리의 강점을 가지고 세계적인 기업들과 당당하게 경쟁해야 할 시기가 다가왔다고 보는 이유입니다.

다행히 우리 민족에겐 단점보다는 누구보다도 많은 강점을 가지고 있다는 놀라운 사실을 알아야 할 것입니다. 그것은 직장에서 동료들을 가족처럼 아끼고 사랑하는 가족주의도 그중 하나가 될 수 있을 것입니다. 이런 강점은 세계적으로 그 유례가 드물다는 사실을 알아야 할 것이며, 우리 민속의 창의성, 독창성, 단결성으로 어려운 시국을 극복하는 데 함께해야 할 것입니다.

무궁화의 향기 국태민안 경제발전 기원 도룡국사 활동 현황
The Scent of Mugunghwa: Activities of Doryong Guksa for National Peace and Economic Development in the People's Republic of Korea.

(사)국제특공무술연합회 회장(특공무술 창시자)의 예방을 받고 있는
도룡국사(2022. 7. 25.)
Do-Ryong Guksa received a courtesy visit from the President of the
International Special Forces Martial Arts Federation (founder of Special
Forces Martial Arts).

국기원 이사장을 예방하는 도룡국사(2023. 4. 20.)
Do-Ryong Guksa paying a courtesy visit to the Chairman of the Kukkiwon
Board of Directors.

139

무궁화의 향기 국태민안 경제발전 기원 도룡국사 활동 현황
The Scent of Mugunghwa: Activities of Doryong Guksa for National Peace and Economic Development in the People's Republic of Korea.

불무도 시연을 보이고 있는 도룡국사
Do-Ryong Guksa demonstrating Bulmudo.

국가무형문화재 택견보존회 정경화 회장으로부터 택견보존회 후원회장으로 위촉을 받는 도룡국사(2023. 6. 15.)
Do-Ryong Guksa receiving an appointment as Chairman of the Sponsorship Committee for the Taekkyeon Preservation Society from Jeong Kyung-hwa, President of the National Intangible Cultural Heritage Taekkyeon Preservation Society.

무궁화의 향기 국태민안 경제발전 기원 도룡국사 활동 현황
The Scent of Mugunghwa: Activities of Doryong Guksa for National Peace and Economic Development in the People's Republic of Korea.

마스크 회사에서 소승에게 135만 장의 KF94 마스크를 기증해 주어 각 기관 사회단체에 전량 기증(당시 코로나 사태 시 2021. 12. 16.)
A mask company donated 1.35 million KF94 masks to our association which were subsequently distributed in full to various institutions and social organizations during the COVID-19 pandemic.

무궁화의 향기 국태민안 경제발전 기원 도룡국사 활동 현황
The Scent of Mugunghwa: Activities of Doryong Guksa for National Peace and Economic Development in the People's Republic of Korea.

대한불교 조계종 제5대 종정 서옹 대선사 예하를 업고 있는 (1985년) 소승이 법사 시절. 소승의 스승이시며 법호를 비룡으로 내리셨다.

I carried His Holiness Seong Daeseonsa, the 5th Supreme Patriarch of the Jogye Order of Korean Buddhism, on my back. He was my master and bestowed upon me the Dharma name 'Bi-Ryong' (Flying Dragon).

세계불교법왕청 초대 법왕 일붕 서경보 예하를 업고 있는 (1985년) 소승이 법사 시절. 소승의 스승이시며 법명을 도룡으로 내리셨다.

I carried His Holiness Il-bung Seo Kyung-bo, the inaugural Dharma King of the World Buddhism Dharma King Order, on my back. He was my master and bestowed upon me the Dharma name 'Do-Ryong' (Dragon of the Way).

대한불교 조계종 덕숭총림 수덕사 방장 원담 대종사 예하를 업고 있는 (1985년) 소승이 법사 시절

I carried His Holiness Won Dam Daejongsa, the Abbot of Deoksung Chongnim (Suduksa) of the Jogye Order of Korean Buddhism, on my back.

대한불교 조계종 총무원장 세 번 역임 서운 대종사 예하와 (1985년) 소승이 법시 시절

I was with His Holiness Seoun Daejongsa, who served three terms as the General Director of the Jogye Order of Korean Buddhism.

Epilogue

　우리 모두 빨리 가고 멀리 가야 하지만 무엇보다도 옳게 가야 한다. 독수리에게 힘찬 날개보다 매서운 눈이 우선하는 이유이다. 삶은 속도보다 방향이다. 오늘 걷지 않으면 내일은 뛰어야 한다. 아침에 잠을 자는 사람은 꿈을 꾸지만 아침에 깨어 있는 사람은 꿈을 이룬다. 이제부터라도 올바른 선택을 통하여 성공하는 그날까지 가야 한다.

　인생이 주는 최고의 상은 가치 있는 일에 최선을 다할 수 있는 기회가 주어지는 것이며, 결단과 행동만이 성공을 보장한다. '정신일도 하사불성'이란 말이 있다. 우리의 삶에 있어서 제일 중요한 것이 올바른 정신, 용기, 기상의 세 가지를 바탕으로 지혜가 있으면 성공하고 모두 다 잘 살 수 있다는 것이 필자의 철학이다. 이제부터라도 정신, 용기, 기상, 지혜를 얻어 저마다 하고자 하는 일에 정진한다면 불가능이란 없을 것이다.

　현재 전 세계 정치, 경제, 문화, 전쟁 등 불확실한 시기인 것만큼은 사실이다. 특히 러시아와 우크라이나의 전쟁과 중동전쟁, 미국의 지속적인 금리 인상으로 세계의 경제가 흔들리고 있으며, 이로 인한 현시대의 물가는 더욱더 상승하고 있으며, 이것들은 한국 경제의 성장을 저해하는 것뿐만 아니라 지구상 현시대의 경제가 복합적 위기에 당면하고 있다.

　필자는 국내외적으로 무궁화의 향기를 120개 국가의 지도자, 저명인사, 경제, 사회, 문화, 예술 등 애국애민의 정신으로 긴밀한 유대관계를 통하여 대한민국의 위상을 높이 선양하며 전 세계에 '무궁화의 향기'를 피워오면서 그 누구의 도움 없이 필자의 자력으로 평생 임무를 수행하여 왔다.

　이제는 그동안의 많은 교류를 통해 얻은 올바른 정신, 용기, 기상, 지혜, 경험을 통하여 필자는 세계 국가들과의 순수 외교를 넘어 각계각층에서, 특히 글로벌 비즈니스에 어려움을 겪고 있는 모든 분들에게 경제, 사회, 문화, 예술 등 각 분야에서 무궁화의 향기를 경제활동에 적극 활용하여 모두가 다 잘 사는 나라, 그리고 무궁화의 향기를 피울 수 있도록 더욱 정진할 것이다.

아름다운 결실의 계절인 봄은 아무에게나 오는 것이 아니듯, 봄은 엄동설한을 이겨낸 생명에 주어지는 축복의 선물이듯이 필자는 모든 분들에게 봄의 선물 '무궁화의 향기'를 가득 나누어 주고자 한다. 또한 현시대의 어려움을 겪고 있는 개인, 기업, 각계각층의 모든 분들에게 희망과 꿈, 무궁화의 향기를 활짝 피우게 하며, 소명의식을 가지고 정진하여 국가와 사회에 이바지할 것을 밝힌다.

'마부정제(馬不停蹄)'라는 말처럼 달리는 말은 말굽을 멈추지 않듯이 남은 생을 중생 구제에 더욱더 힘쓸 것이며, 필자와 인연이 된 모든 이들에게 소원 성취와 건강 기원을 드리고, 더 나아가 국운 기원, 남북통일, 세계평화에 기여할 것이다.

가을 계절이 익어가는 만연사 선방에서
도룡국사 합장